21

教育人生卷

于漪全集

上海教育出版社

20世纪50年代刚工作时　　20世纪60年代　　20世纪70年代

20世纪80年代,休假日讨论问题是全家人的乐事

1993年,被评为"全国劳动模范"

2006年,与孙女拜谒茅盾故居

刻苦攻读,是责任,也是乐趣

出版说明

《于漪全集》是基础教育领域首部特级教师的全集，也是上海教育出版社为特级教师出版的第一部全集。它的出版，对于传承、弘扬和建设新时代社会主义文化，对于以教育自信创建自信的教育具有重要意义。

《于漪全集》收录了于漪在不同时期发表于全国各类期刊和出版于多种图书的论文、讲话、序跋等作品。难免挂一漏万，故对写作时间和文章出处不一一注明，留待日后修订逐步完善。同时，对原发期刊编辑部、图书出版单位一并致谢。

全集由上海市教师学研究会组织有关教师、专家编辑。于漪的教育思想植根于教学实践，是理论与实践的有机融合和生动阐述。有时一材多用，是为了从不同角度阐释相关问题，为读者呈现丰富的不同历史阶段的思考成果。

全集以"一辈子学做教师"为线索，根据文章内容，共分 8 卷 21 册，从基础教育、语文教育、课堂教学、阅读教学、写作教学、教师成长、序言书信、教育人生八个方面多维度展现于漪来自教育第一线的理论研究成果，力求树立当代教育家的典型形象。

目录

岁月如歌

奋斗才能生存　　　　　　　　3
幼小心灵的震动　　　　　　　7
求学的艰辛与欢乐　　　　　　10
永恒的怀念　　　　　　　　　15
初遭疾病的磨难　　　　　　　24
"放卫星"的闹剧　　　　　　　28
"门"在哪儿　　　　　　　　　32
和学生的心弦对准音调　　　　37
把握驾驭课堂的主宰　　　　　43
用语言"粘"住学生　　　　　　50
飞来的"机遇"　　　　　　　　55
灵魂洗礼　　　　　　　　　　60
拷问感情与责任　　　　　　　66
我也是学生　　　　　　　　　81
意外的惊喜，清醒的定位　　　86
身上要有时代的年轮　　　　　104
多彩活动催我长　　　　　　　122
人民代表为人民　　　　　　　132
校长应努力成为教育家　　　　141

读书之乐乐无穷 154
一辈子学做教师 179
附录 四方人士评于漪（评论荟萃） 184

岁月如歌

奋斗才能生存

1944年夏,酷暑。肺结核菌终于嚣张地夺走了年仅三十多岁的父亲的生命。白发人祖父呆滞,茫然,母亲哭得泪人儿一般,我们姐弟五人跟着母亲号哭着,家里阴云密布,天塌下来了。

从日寇铁蹄蹂躏我大好河山以来,父亲因带领我们逃难,只能间或做点小生意,但屡做屡赔,囊中羞涩,家境惨淡。然而,他毕竟是个中年人,担着这个家。他撒手而去,家中老的老,小的小,何以为生?姐弟中,我最大,妹妹才一岁,母亲是半文盲,识几个字,勉强能写封简单的信,无能力养家糊口,真是前途渺茫。

父亲的丧事草率办完,家里就商量孩子上学的事。那年,我初中毕业,要不要继续升学,意见不一,求学,不求学,形成拉锯之势。祖父认为女孩有点文化就可以了,家里那么困难,还读什么书,反正将来都是人家的人。母亲从自身的无能为力担当家庭生计的教训出发,期望我能在经济上自力更生,并帮助带领弟妹,虽不敢顶撞祖父,但总反复讲继续求学的重要。再说,我才15岁,没办法找活干,更没有门路,伯伯、叔叔、大姨、小姨,一个没有,有个舅舅也患肺病,早已离世。我当然死活要求读书,学点求生的本领。最后,祖父作了让步,只要家里不要负担,可以继续求学。

天无绝人之路。正好江苏教育学院附属师范学校到镇江招考新生,招收的人很少,我幸运地被录取。不仅不要交学费,生活费也全给包了。我有了继续求学的机会,兴奋,高兴,打心底里感谢母亲。

我喜形于色,母亲可不是如此。我一个女孩儿家只身赴苏州求学,举目无亲,她又担心了。于是,反反复复叮嘱我:要活,就要靠自己努力,自己吃苦;凡事,都要动脑子想想,要自己管住自己,不能心血来潮;要尊敬老师,友爱同学,做人要有德行,宁可自己受苦,也不能亏待他人……反反复复地说,简直像语录一样,镌刻在我的心中。

其实,何止我一人为求学而奋斗!奋斗是我们姐弟五人的生命线,只有奋斗,才能生存,只有奋斗,才能改变孤儿寡母的命运——这成了我们前进的动力。勤奋学习,刻苦自励,真诚待人,成为我们姐弟力求上进的做人准则。大弟于渤以优异的成绩考取保谦公奖学金,全国一解放,又考取浙江大学公费奖学金,完成了浙江大学电机系学业。毕业后留校,一直从事电力系统及自动化学科的教学、教授、带教研究生,是能源部电力工程类教学委员会委员,任《中国电力百科全书》的《电力技术基础卷》主编。二弟于洸由于品学兼优,就读高中时就被调到团市委任学校工作部副部长,后又被选送到北京大学地质地理学系深造,边学习边工作,毕业后留校任教,从事地质学方面课程和地质学史方面的科研、教授。重视课外实践,主编《中外著名山川湖泊辞典》,填补了我国地理学方面的空白。先后任北京大学组织部长、副校长,首都师范大学党委书记。受教育部委托,从事高等教育史的研究与编写。三弟于渌因品学兼优、成绩优异,高中毕业由国家公费送往苏联哈尔科夫大学攻读理论物理。回国后,先后在中科院物理研究所、中科院理论物理研究所工作,是交叉学科理论研究中心主任,中国科学院院士,第三世界科学院院士。1979—1981年,美国哈佛大学、加州大学访问学者,1986—2002年在联合国教科文组织、国际原子能机构与意大利政府合办的国际物理中心负责凝聚态物理部工作,成绩卓著。获中科院自然科学一等奖,国家自然科学二等奖。小妹于涟,毕业于浙江农业大学,"文革"

后调回母校任教,先后任畜牧兽医系副主任,动物科学学院院长、教授。主持并完成研究课题12项,其中国家自然科学基金项目3项,有两个研究项目在全国属领先地位。多次被评为浙江省和全国普通高校思想政治工作先进工作者。调任浙江省科学技术委员会副主任后,仍坚持带教硕士生、博士生。

五姐弟在家乡接受了爱祖国爱民族爱家乡的人生第一课的教育,迈开了人生的第一步。离开家乡时都是年少稚气的学生,经过几十年的风风雨雨,基本上实现了各自的追求。支撑我们的是奋斗精神、爱国情怀和发自内心的感恩。

我们每个人都很忙,两个人见面,三个人见面,已是了不起的乐事,五个人聚首已是几十年前。但只要碰到,总离不开这几个话题:一是不解放,就没有我们于氏姐弟的今天。人民养育了我们,国家培养了我们,许多认识的、不认识的亲戚、朋友、同行给我们以关爱和支持,在别人撒播的恩泽中成长,只有竭尽毕生精力才能报效一二。二是母训不可违,在任何条件下,顺境,逆境,外物引诱,都要坚持立身,讲究德行。我是中学教师,他们都是教授、研究员,要讲究师德、科学道德。做人有基本准则,贪欲最为可怕,吞噬人性,如果人德都没有,还谈什么师德?三是低调,工作竭尽全力是本分,个人无论是天分、学识、才能,都是极其有限的,离开了大家,一事无成。为此,从不谈自己的工作成绩,从不自我吹嘘,自我摆动。吹,摆,不仅是无聊,小家子气,而且会目中无人,飘飘然,裹足不前。我这个大姐只知弟妹工作的总体情况,具体业绩几乎不知晓。上面说的一些情况还是从家乡报纸的文章《镇江于氏五兄妹》中摘录的。四是重情义,一家有困难,大家帮。互帮互学,互相砥砺。如20世纪50年代我患重症肝炎时,需食较多的糖,个人配给的极少,二弟知道后,在经济十分困难的情况下想方设法购买到各种各样的糖果从北京邮寄给我。人与人相交贵在一颗真心,兄弟姐妹之间也是如此,无须言谢,深深情谊寓于其中。

母亲抚育我们,整天缝缝补补,洗洗涮涮,操劳一辈子,等我们长大成人,她又离我们而去,未享到一点福。每想到此,做子女的总情不自禁地嘘唏,深感内愧。但与此同时,又有骄傲之感,母亲善良、宽厚、万分勤劳,给我们良好的做人教育,使我们终生受益。

幼小心灵的震动

"七七"卢沟桥事变后,日本侵略者铁蹄长驱直入,家乡危在旦夕,我就读的薛家巷小学即将解散。一天下午,音乐老师教我们唱《苏武牧羊》:"苏武留胡节不辱,雪地又冰天,苦忍十九年,渴饮血,饥吞毡,牧羊北海边……"尽管曲调温柔敦厚,节拍缓慢,但老师教得那么激动,边解释边打着节拍唱,边唱边一句句解释,眼中含着泪水,我们这些七八岁的孩子被深深感染了,心中第一次闯进了"祖国""气节""亡国奴"这些大字眼,似乎一下子长大了许多。从此,这首歌不断在我胸中激荡,构成了生命的一部分,年轻老师眼含泪水教唱的形象经常在脑中萦绕。现在想来,在中华民族到了最危险的时候,老师是用"心"在歌唱,唤起我们幼小心灵的觉醒。当年的我,幼小的心灵第一次受到如此的震动。就像都德《最后一课》中的小弗朗士一样,这一课,我永远忘不了。

童年与玩耍亲密结伴。踢毽子,跳绳,砌房子,捉迷藏,玩得连头发都潮了也不言累,兴致可以持续高涨。原本大人都不管,这下可不行了,兵荒马乱,日寇的飞机常在头上盘旋,大人总是板着脸,愁云密布,看到我们玩就心烦,叫我们走开,不要闹。一天下午,敌机一直在头上转,警报拉得震天响,我们几个小孩吓得躲在桌子底下。"轰隆","轰隆",地动山摇,距离我们家不到20米的地方炸开了,父亲亲眼看到飞机侧下身子丢炸弹的情景,吓得说不出话来。顷刻间,火光熊熊,人死屋坍,听大人说,这家姓夏。人没了,到解放时,被炸毁的地方仍然是一片瓦砾。

不逃不行了,鬼子什么凶残的事都做得出来,再来两架飞机,就不可能如此侥幸了。于是父亲带着老的、小的逃难到一水之隔的乡下新洲。渡船小,逃难的多,挤得哭啊,叫啊,乱成一团,我抱着母亲的腿,不敢吱声。下了船,要走很多路,对一个七八岁的孩子来说,高一脚,低一脚,十分艰难,而且不断被催促着快走。大人有的背着弟弟,有的扛着铺盖,有的提着包袱,累得气喘吁吁,狼狈不堪。

天漆黑,总算看到农舍,也是瓦房,里面有个老太太点盏油灯向外走。我高兴啊,就往门里奔,"啪哒"一下,摔了个大跟头,下巴磕在破砖上,疼得要命,大哭起来。父亲赶忙跑来把我拉起,一看傻了眼,我下巴的血直往外冒。怎么办?拿什么来止血?父亲没办法,只好到灶膛里拿了一把草灰朝伤口压,压得紧紧的来止血。真是遭罪,还不能哭,哭了血就止不住。都是日本鬼子让我吃的苦,不逃难就不会跌这个倒霉的跤,心里恨死了。至今,下巴颏下面还留有疤痕。

被晦气粘住了,甩也甩不掉。到乡下不久,母亲就染上了伤寒。在那个年代,伤寒是重症,乡村缺医少药,父亲愁死了。母亲卧床不起,清水米汤延命,我们姐弟四个几乎无人管。我最大,当然要带领弟弟。小弟弟一两岁,抱他的担子就落在我的身上,可我也才七八岁。只要有太阳,一群孩子总在打谷场上玩,奔跑,打闹,我总是坐在小板凳上抱着小弟弟看他们玩。没有哪个孩子是不爱玩的,我恨不能参加进去野一把。有一天,我看得入神时,把抱在手上的小弟弟忘了,站起来要拔腿跑进去,哐!小弟弟摔在地上大哭,父亲听到哭声,跑过来把我一顿狠打,我虽不服气不让我玩,但还是认了,总不能摔弟弟啊。母亲病重,连话都说不动,每天早上还要对我说:你是姐姐,要懂事,要听话,帮父亲干活。

母亲的病终于有了转机,一天天好起来,高烧退了,能下地走动走动了。谁知突然有一二十个人自天而降,陌生的,没有见过,穿着扎脚裤,腰间扎着带子,手上还有明晃晃的刀。在打谷场上玩得兴致极浓的我们吓坏了,赶紧往各自的家里跑。紧接着,鸡飞狗吠,人声嘈杂,号哭声、吼叫声乱成一团。折腾了几个时辰,村子安静下来了。听大人说,有好几家遭到了抢劫,有个大户人家的孙子被蒙上眼睛带走了。村子里议论纷纷,那户人家四处托人,忙着救被绑架的孙子。

显然,这儿不是安全地带,又听说日本鬼子要扫荡农村,父亲决定另谋生路。于是,再带着我们悄然返回镇江。家里除桌子凳子,其他物品已荡然无存,照明电线破坏,墙壁也被刀劈得乱七八糟。折腾了两年,我和大弟求学事无着落,父亲想方设法联系到居住在上海的一家亲戚,于是和母亲携带我们姐弟赴沪,租借亲戚家一间房子居住,插班读小学。

国家被侵略,遭灾难,普通老百姓家同样遭殃,受罪,童年快乐美好的生活被炮火打得烟消云散。社会现实的教育历历在目,难以忘怀。

求学的艰辛与欢乐

好不容易熬到初中毕业,父亲已一病不起,费了九牛二虎之力移返家乡,不久辞世。父亲临终把我们姐弟叫到床边,吃力地说了一句话——"学点本领,做个好人,孝顺妈妈",就挥手叫我们走开,怕我们传染上肺病。

师范就读一年,抗日战争胜利,学校要调整。要继续求学,就须再考学校。回到家乡,私立学校读不起,正好省立淮安中学在镇江临时复校,我与大弟同去投考,尽管录取学生很少,还是考取了。学校在东门外山坡,校舍与设备极其简陋,几间破房子,课桌椅七高八低,总共才几个班级。我家住西门外,每天天不亮就要出门,横穿整个城市,要走十几里路。手里除了书包,还要拎一个饭缸子。所谓书包,就是一块方布包了几本书几个本子。饭缸子装的是前一天晚上烧的饭,上面放点咸菜或萝卜干,天热吃冷饭,天冷到老虎灶泡一分钱开水,烫一烫。下雨下雪,一身水一身泥,刮大风时,走路像背纤,迈一步都得花相当力气,累极了。即使如此,我们也不缺一堂课,披星戴月出家门,摸着黑进家门,为的是求点知识,学点本领。晚上还要点盏油灯做功课,有时上下眼皮尽打架,睁不开,我曾幼稚地想:如果有根小棒撑在里面就好了,眼睛就闭不起来了。有时功课多,就用冷水朝脸上浇一浇,脑子就不是糨糊一盆,清醒了,做起来速度大大加快。早上当然是起不来,多睡一会儿都是好的。这就苦了母亲,她每天提心吊胆等天明,喊我们起床,烧火煮早饭。寒冬腊月,屋檐挂上尺长的冰凌,我们一起床,母亲就把热气腾腾的泡饭端到我们手上。慈母育儿女的深恩看似点点滴滴,实乃忘我奉献,我没齿难忘。

天天练腿劲,走读了一个学期,学校又搬迁,省立镇江中学在镇江郊区七里甸复校,于是再投考镇江中学。学校离市里几十里路,不住校无法就读。当时,物质条件极其艰苦,无电灯照明,无自来水,住宿的地方是日本鬼子留下的军营,士兵住的一间间小房间。房间里无床,一个榻榻米(小房间里用木板搭出的高两尺的大方块),十名女同学一间,一人一张小席子,排成两排,铺在榻榻米上。空间很小,睡觉必须文雅,稍不留心,就会"侵占"别人的"床铺"。宿舍里没有一张桌子,一张板凳,面盆、漱口杯都放在泥地上。

因为一无所有,同学之间从不为生活上的事计较,相反,总是互帮互助。天寒地冻,汲水不易。清晨,井边放着一排漱口杯、脸盆,总有同学自告奋勇地为大家提井水。井深,一桶桶提上来,手酸且不说,有时会累得头上冒汗。个子高的不用招呼就身先士卒,有时男同学还来助威助阵,有的更是把女同学推开,自己大显身手。欢声笑语驱赶着天空的彤云,驱赶着凛冽的寒气。饮食,谈不到营养,能填饱肚子就不错。饭厅里只有几张破桌子,一律站着吃饭。一周有一次青菜炒肉片或咸菜炒肉丝,就算是美味佳肴了。当然,肉片肉丝屈指可数,绝大部分同学克制与忍让的能力很强,不去抢先。伙食费很低,四周是农田,没有什么小店可买食品,更何况绝大多数都身无分文,有几个零钱可花的已被视为"富翁"了。因此,饭与粥就成为目光的聚焦点,尤其聚集了男同学的目光,成为被攫取的"猎物"。女同学一般都来不及添饭添菜,粥桶、饭桶就底朝天了,如果有事去得晚,定要请要好的同学盛上一碗粥或一碗饭。有的男同学把饭堆得高高的,犹如小山丘,上一碗,下一碗;有的男同学总结经验说:"第一碗少盛,两三口吃完,准能盛到第二碗,这时可以多盛。"这不是什么贪婪,狼吞虎咽,都是十七八岁长身体的"男子汉",需要"养料"啊,因而,谁都不会笑话谁。

榻榻米的床爬上蚂蚁是常事,天热少不了蟑螂的光顾,黄梅季节,连绵下雨,就会出现如杜甫《秋述》文中所说的"多雨生鱼,青苔及榻"的状况。天酷热,蛇虫百脚也会显威。有一天下晚自修,回宿舍脱鞋上榻榻米,一脚踩在蜈蚣上,被它狠狠咬了一下,脚立即肿起来,疼得难以忍受。同学马上去找管宿舍的老师,老师那儿也没有药。突然有人想到鸡和蜈蚣是对头,鸡是吃蜈蚣的,只要把鸡嘴里的涎滴到被咬的伤口上,就能消肿止疼。有同学说伙房里有个伙夫养了一只鸡,于是,几个同学就半抬半拖着我去到伙夫家敲门,把鸡从鸡窝里抓出来,伙夫把鸡的嘴硬掰开,用手指挖出鸡涎,涂在咬的地方。校园里没电灯,黑灯瞎火,人喊,鸡叫,折腾了半夜。一碰到不测之事,同学中总有好汉站出来帮,一个个讲义气,共患难,真是有情有义。

上课,老师一讲到底,理化课也是如此,没有实验室,老师做点演示已了不起,能激起同学无穷的兴趣。有些老师有学问,课教得十分精彩,师生沉浸在求知的浓郁气氛中,教者敞开心扉,学生学得认真,学得快乐。课堂上也会发生意想不到的事,调皮捣蛋的男同学总要制造点小事出来热闹热闹,我就碰到过一件。有一次上作文课,有个同学恶作剧,偷偷地把我的凳子搬走,我不去找,就站着写。那次是自由命题,于是就针对这件事大发议论。其实,事属鸡虫得失,没什么了不起,而那时,我竟不知哪里来的那么多意气,也不知哪里来的那么多文思,笔端汩汩滔滔,写下了一篇类似"檄文"的东西。写好一看,觉得不妙,大概要被老师责怪了。出乎意料的是老师大为欣赏,在文后批了一大段,至今还记得这样几句:"……于生失座,成此佳篇,遂使孟嘉落帽韵事不专美于前矣!"此后,偷藏凳子开玩笑的事少了,我很得意,因为其中有我的些微功劳。

晚自修是学校一景。教室里每张课桌上一盏煤油灯,两个同学合用,尽管油灯大大小小、高高低低有差别,但排列整齐,星星点点,远远望去,简直有纳兰性德《长相思》中"夜深千帐灯"的味道。尤为动人的是年轻学子伏案读书求知的情景。既要求知,就不怕艰苦,同学中无人言苦,而是苦中有乐,以苦为乐。知识大门打开,某一定理某一定律理解、掌握,某篇文章某个问题悟到真谛时,自控能力好的会莞尔一笑,无所顾忌的就手舞足蹈,千姿百态,生气勃勃。教室里如果油灯换成白蜡烛,那准是有比较大的事了。期末大考最紧张的时候,教室里常有烛火摇曳;功课突然加码,烛火也随着明晃晃起来。记得毕业考时,英文书一本都须背诵,尽管不厚,但平时只要求背诵部分课文,大家急了眼,拼命开夜车,烛火陪伴。毕竟年纪轻,强记能力强,我居然也就背出来了。强记与熟读成诵不同,前者易忘,后者入心,效果大不一样。

大考结束是最快乐的时候,每个毛孔都放松了,骨头架子也似乎散了板。班班忙着排小节目,说的,唱的,吹奏的,表演的,自娱自乐。最引人注目的莫过于学校组织的学年结束时的文艺晚会。从编导、演出到搬桌子搭台,全由学生担当。夏天的晚上,天空月光倾泻,繁星闪烁,台的四角吊着四盏马灯,台下人头攒动,有时屏息谛听,有时笑得前俯后仰。说实在的,舞台上灯光昏暗,表演者的模样不清晰,不过是人影绰约而已,但有的节目迄今竟然还依稀在目。洞箫声音的幽咽,锯琴的冷月诗魂,似乎还在耳畔回响。

暮春三月,江南草长,杂花生树,群莺乱飞之时,三五同窗好友总要去踏青。周六下午不急于回家,总要在田野里撒腿跑一阵。菜花黄了,满眼都是,扑鼻清香,少不得信口悠悠吟诵几句"莫问早行奇绝处,四方八面野香来","儿童急走追黄蝶,飞入菜花无处寻",俨然宋人杨万里就在身边。与其说是走路,不如说是跑跳,小河流水潺潺,只要有一两块阶石,都要兴冲冲地站上去,这个弯下腰说,"我照镜子啦,美啊",那个展开臂膀说,"看我能站在水上,有轻功",彼此之间还要做做鬼脸。路旁的树枝有时也很倒霉,手痒时折它一根,甩甩它,装作马鞭子用。心里甜蜜蜜的,那种高兴的劲儿难以言表。大概是大自然施与年轻人的恩泽,年轻人的旺盛生命力和大自然的蓬勃生机融为一体的缘故吧。

走一路,洒一路欢声笑语,连地上的尘土也羡慕,不时地飞扬。然而,有时我们也会严肃得像历经沧桑的老人。镇江北固山是寒暑假必去之处,老师教的辛弃疾的《永遇乐·京口北固亭怀古》的旋律常在脑中激荡。北固山就其高度而言,不过是一座小丘,由于有厚实的人文,传世的诗词,在我的心目中高大巍峨,有说不尽的滋味。登临山顶,回顾历史风云,遥望滚滚长江,不仅"千古江山,英雄无觅,孙仲谋处""想当年,金戈铁马,气吞万里如虎"的诗句会脱口而出,而且会立刻联想到《菩萨蛮·书江西造口壁》:"郁孤台下清江水,中间多少行人泪!西北望长安,可怜无数山。"大家感慨系之,忧国忧民的思想充盈胸际。

每当此时,镇江中学校训"一切为民族"五个大字总凸现在眼前。"求学为什么?从愚昧走向文明,就要立志为解救苦难的民族于水深火热之中……"老师激昂的话语揭示了求学的目的,树立起做人的标杆,诠释了校训的内涵,为此,我们风华正茂的学生孜孜矻矻,努力进取,把物质生活的贫乏、艰难踩在脚下,追求精神生活的充实与欢乐。"一切为民族"这五个大字掷地铿锵,镌刻在我心中,成为我铸造师魂的基因。

永恒的怀念

年华似流水。几十年过去,不少事情已经模糊,有的虽搜索枯肠而不可得,有些却历历在眼前,形成永恒的怀念。

童年不识愁滋味,不断编织美丽的生活花环。编织时如痴如醉,犹如沉浸在梦幻之中。我住的小屋里挂着一幅山水画。这只是一幅极普通的画,清晨看到,晚上看到,一天少说看到三四次,竟百看不厌。有时凝神久了,自己也仿佛进入画中,"徜徉于山水之间",甚得其乐。入了神,自然乐在其中。家里有一部破旧的有光纸的《评注图像水浒传》,一打开,就被一幅幅插图吸引住了。梁山雄伟险峻,水泊烟波浩渺,水面有无边无际的芦苇,山上有一排排大房子……这一切,在我幼小的心灵里好像就是家乡长江边焦山一带。那时读这本书,会不知不觉把焦山一带风景当作梁山泊背景,我似乎目睹何涛、黄安率领的官军在茫茫荡荡的焦山下,在芦苇水港中走投无路、狼狈逃窜的情景,犹如身历其境,真是津津有味。以后年龄增长,也曾重读《水浒传》,虽然理解比小时候深入,形象却不如那时鲜明。后来才懂得,这就是形象思维的作用,生动的形象可以形成深刻的记忆。

学生时代的生活乐趣,多半来自读书。书,给我广阔的天地,而其中编织许多美丽的生活花环的,竟是一本让人看不上眼的石印本《千家诗》。

祖国的大地山川气象万千,家乡的山山水水也美丽非凡。一年之中,风光流转,阴晴雨晦,丽日蓝天,风云变幻,真是美不胜收。《千家诗》中很大部分诗歌歌咏祖国风物,按春夏秋冬时序编排,打开书往下念,四季风光就活生生地展现在眼前:"万紫千红总是春","春城无处不飞花";"绿树阴浓夏日长","五月榴花照眼明";"青女素娥俱耐冷,月中霜里斗婵娟";"梅雪争春未肯降,骚人搁笔费评章"……吟诵这些诗句,春花秋月,夏云冬雪,一年四季都沉醉在诗的意境之中。诗句中丰富的颜色给生活涂上了绚丽的色彩:"红紫芳菲""橙黄橘绿""黄鹂鸣翠柳""白鹭上青天"……令人眼花缭乱,心旷神怡。脑海里常常浮现五彩纷呈的世界,遨游在美的享受中,生活情趣浓郁。写到这里,我忽然想到了董必武的一首《咏竹》的诗:

$$
\begin{aligned}
&\text{竹叶青青不肯黄,}\\
&\text{枝条楚楚耐严霜。}\\
&\text{昭苏万物春风里,}\\
&\text{更有笋尖出土忙。}
\end{aligned}
$$

董老此诗放在《千家诗》中也是上好的诗,明白清新,读来朗朗上口。最后的一个"忙"字,大好春光中一片生机,生意盎然,境界全出。

一本本书如朗朗的明月、闪光的星辰,清辉普照,滋润心灵,令人难忘;而使我更为怀念的是一位位奉献心血与智慧、哺育我们成长的老师。

难忘初中教国文的黄老师。他是位刚大学毕业不久的青年教师,穿着很时髦。戴着一副金丝边眼镜,穿一件很飘逸的长衫,脚蹬皮鞋,西装裤脚管露在长衫外面,与《早春二月》里的萧涧秋很有几分相似。"深蓝色的天空,一轮金黄的圆月,一片一望无际的碧绿的瓜地,就在这月下瓜田的美景下,突然出现了一个少年英雄。这个少年英雄出场是动态的,他手握钢叉,向偷瓜的敌人——猹,奋力刺去……"绘声绘色的描述把我们这些十三四岁的孩子带入了月下瓜田美景之中,与文中的少年闰土分享快乐。讲着讲着,黄老师的语调深沉起来,说到中年闰土时,他哽咽了:"那是怎样一个苦人儿的形象啊?泥塑木雕一般,生气全无,原本圆活红润的手而今像松树皮一样皲裂,我似乎看到他手的裂口在往外渗血……"我低着头不敢看老师,害怕老师流眼泪。然后,他又调整一下站立的姿势,剖析少年闰土和中年闰土为何判若两人,说得头头是道,我们很信服。我这个学生本不用功,上课常备两本书,上面一本教科书,下面一本小说,老师教得好,就认真听,教得无吸引力,就偷偷看小说。这位老师的课深深感动了我。每堂课他都那么全身心投入,与文中的人同悲同喜,那种眼神、那种手势、那种语调经常在眼前晃动,在耳边萦绕。他哪是教课?他是走进教材,身历其境,自己感动,然后再向我们放射文字波、情感波。不用老师管教,上语文课我自觉少了一本书,凝神谛听,专心阅读。

事物总是相互联系的,黄老师的课那么吸引我们,不仅在课内的歌唱,还在于课外的乐章。他那么喜欢我们这些幼稚的不懂事的孩子,下课从不匆忙离开教室,总是和同学谈这谈那,今天这几个,明天那几个。如果下午最后一堂课是语文,谈的话资就更多了。谈得最多的不外乎是课外阅读,那里有斑斓的世界,迷人的风景,无穷的乐趣。讲到刘延陵的新诗《水手》,他会情不自禁地朗诵起来:"……他怕见月儿眨眼,海儿掀浪,引他看水天接处的故乡。但他却想到了石榴花开得鲜明的井旁,那人儿正架竹子,晒她的蓝布衣裳。""你们看,多好,多好,远离故乡的水手对他心上人的怀念,至诚至情,鲜气扑人,火红的石榴花与蓝布衣裳,色彩鲜明,像幅动人的画,意境朴素清新。"讲得忘形之时,又会朗诵起课上教的田汉的《南归》:"模糊的村庄已在面前/礼拜堂的塔尖高耸昂然/依稀是十年前的园柳/屋顶上寂寞地飘着炊烟。"老师进入了角色,那深深感动的神情凝注在眼睛里。如今稍一回忆,那对深沉的眼睛还在放着异彩,它里面储藏着对文学的多少热情多少爱啊!

难忘教我们高中的赵老师。他上国文课别说备课讲义没有,有时连课本都不带,学问全在他肚子里,上课时只要调动调动,就一套一套出来了。他教课不讲究方法,经常的情况不是眼睛看着天花板,就是朝窗外看,我们女同学少,总是靠边坐一排,他从不管我们。奇怪的是大家都全神贯注,生怕他说的话被遗漏。清晰地记得教李密的《陈情表》时,他一句不看,但逐句疏通,脑子里好像刻着文章。讲到"外无期功强近之亲,内无应门五尺之僮,茕茕孑立,形影相吊",右手食指摇晃着,大声说,"茕,茕,不能读错,也不能写错",接着在黑板上写个大大的"茕","和'贫穷'的'穷'一个读音,字的下部是'孓',不能看走眼,看成'凡',不是撇,是竖,笔直的,笔直的,'茕茕孑立'就是生活孤单无靠。"说着说着,还做个笔直的姿势,生动啊,我一下子就记住了。整篇文章读读讲讲,委婉恳切,与祖母相依为命的情意表述得感人之甚,我们进入孝感动天的情境,深受感染。

赵老师教诗词更是一绝。不同风格的诗词到了他的嘴里都会风采别具,余音缭绕。曾经有人说过,人生最快意的事之一是用家乡音调引吭朗诵诗词。我的家乡话是很悦耳的,抑扬顿挫,富于音乐性,尤其读诗词,颇具歌唱的韵味。赵老师吟诵李后主的《虞美人》:"春花秋月何时了,往事知多少?小楼昨夜又东风,故国不堪回首月明中……"故国之思,凄楚之情,随着音调的传播,弥散在教室里,令人心酸心颤,有时,我们简直分不清他是亡国之君李煜,还是赵老师。用现在的词儿来说,大概就是进入作品进入作者的境界吧!教辛弃疾的《南乡子·登京口北固亭有怀》却是另一番景象。"何处望神州?满眼风光北固楼。千古兴亡多少事?悠悠,不尽长江滚滚流……"老师朗诵时头与肩膀左右摇摆着,真是悲歌慷慨,我们这些做学生的,爱国情怀油然而生。此后我每次登上满眼风光的北固楼,望着滚滚长江水,回顾千古兴亡事,总是感慨万千。不用说,这首词我至今还能背得滚瓜烂熟,从此,我也就深深爱上了辛弃疾的词。

难忘高中的数学老师毛老师。高二学范氏大代数,学原版的。开始,毛老师用汉语教,逐渐,教学用语全用英语。数学和语文、历史不一样,词汇量毕竟不多,一下子我们都能听懂。毛老师很严肃,不苟言笑,但课教得极好,同学们都崇拜他。他的课一清如水,思维之敏捷,思路之清晰,语言之简练,推理之严密,令人叹为观止。什么叫析薪剖理,什么叫要言不烦,一语破的,听数学课的实践让我领悟到一二。非常奇怪,他的话语像钉子一般一颗颗敲到记忆里,解题的逻辑顺序犹如春夏秋冬季节的转换,纹丝不乱。我的逻辑思维能力的培养非常得益于数学课的毛老师。那时,课后练习题不过三至五道,但典型,能以一当十。这些题多能举一反三,与现在的在题海中沉浮比,真是一种幸福。教解析几何也是毛老师,坐标画起来笔直,无须用直尺;画几何图形时,可以不用圆规,不用三角尺。老师赤手空拳在黑板上一画,这种过硬的基本功就把我们学生给镇住了。

有一次毛老师把我喊到办公室教育了一番,我大哭一场。事情是这样的:期中考数学,同桌的女同学考前对我说,要我帮帮她,免得再不及格。同学之间总要讲点义气,考试时我就把有道题的解法写在纸条上。正把纸条递给她时,老师发现了,一把抓走纸条,我俩都吓坏了。试卷发下来,两个零分。同学觉得对不起我,我也只得自认倒霉。谁知毛老师还不罢休,把我找去说了一顿。有几句至今我还记得:"你这是帮助同学吗?歪门邪道。她有困难,不懂,你可以跟她一起学,讲给她听,还可来问我。用这种投机取巧不诚实的方法,不是帮她,是害她。你好好想想。"离开办公室时,他又加了一句:"学习和做人一样,老老实实,懂吗?"这件事我记了一辈子,老师关心学生,不只关心学习,更关心做人,不让纤毫灰尘污染学生的心灵,见微知著,千万不可大意。从此,我做任何事都要想一想:是否"老老实实"?是否想"投机取巧"?

难忘教我们大学一年级国文的方令孺教授。大一国文是必修的基础课,大课,有一二百人。我是1947年夏考进复旦大学的,那时,升国立大学很难,听说报考学生1.2万人,仅录取500人。至今还记得国文考卷的命题。一张卷子没有几个字,内容是两个部分。第一部分考文学常识,要求考生按提供的"一、两、三、四、五、六、七、八、九、十"为字头,写出10个中国名文或名著的篇名或书名;第二部分是一篇作文,记叙之类,不难。当时只能填写出六七个,如《两都赋》、《三都赋》、四书、《五蠹》、六艺、《七发》、《九歌》等。四书,就写明《大学》《中庸》《论语》《孟子》;六艺,写明《易》《诗》《书》《礼》《乐》《春秋》,其他不知道,从未读过。后来听说能写对几个就算不错了。那时,报考的学生很少花心思猜题、押题,因为怎么猜也猜不到,题目年年变,无固定模式。再说,信息不灵通,前几年考什么,不清楚,主要靠自己打基础。

方令孺先生是教授,也是作家,专攻新文学。老太太头上总是盘着个辫子,说话慢条斯理,温文尔雅。大学上课和中学教课不同,有时是海阔天空,漫无边际,好像一张捕鱼的大网,一个个网眼处有许多亮晶晶的鱼儿在蹦跳,旁征博引,信手拈来,引导我们超越阅读的具体文章,认识世事,了解人情,视野一下子拓宽了。有时,她和章靳以教授一起来上课,我们感到十分新鲜。他们都是教授,都是作家,都善于写散文。一次,两人在课堂上答对写作散文的技巧,幽默有趣,谈笑风生,课堂后排坐着的一些同学不请而站立起来,身体往前倾,那种专注的神情拍摄下来真是极美妙的艺术照。求知是辛苦的,但心不累,老师的教学不拘一格,快乐伴随其中。

我怎么也没有想到方教授在课上会大讲我的习作《老妪李氏》。修大一国文,还得写两三篇作文。我循规蹈矩,准时交给老师。不过是练练笔而已，那么多学生，老师哪有时间仔细批阅？没有想到方教授竟然一篇篇看。说实在的，文章是用心写的。李氏老妪确有其人，善良，宽厚，勤劳，朴实，胸中虽无点墨，但遇事不惊，遇难不避，我打心眼里尊敬她，佩服她。教授以此为据，大大讲述文学创作的要义，怎样结构情节，怎样描述人物，塑造性格，人物语言如何把握，最后聚焦到一个字：真。这仅是一篇普通的作文，从如此高度来分析，我受宠若惊。具体怎么剖析已记不清楚，但写作要求真，做人与写作相通，真心实意至为重要，我永记心间。这年国文课成绩得了80分，我喜出望外，熟悉的同学也很羡慕。那时的分数不廉价，老师笔下绝不轻易写个"8"字的。

难忘教中国通史的周予同教授。周先生的课也是大课，一二百人，在复旦大学子彬院楼下的大教室里上。上他的课许多同学都忙着抢位子，抢在前排坐。周先生一节课教下来，黑板上的字满满的，角角落落不留一点空隙，边讲边写，好像从心里流出来的一般，熟透了。如果坐在后面，有些板书就看不清楚，因此，要抢占前排。中国通史既然是"通"，一般都要从远古教到清亡。周教授教通史与众不同，他用的是深入挖掘、精雕细刻的办法，先秦那段经学教得细致、周详。许多史实课本上是没有的，周教授脑子里好像有资料库，一一翻展出来，井然有序。毕竟与那个时代距离两千多年了，单是人名、地名就那么难记，那么拗口，周教授讲起来却极其顺溜，如数家珍。由此我也悟到了什么叫作学问。读书不是浮在表面，要抓住某些问题如采矿一样，须深入下去，寻根究底，弄个究竟。一学年下来，课课都内容丰满，见解精辟，但这通史的课只"通"到秦汉，秦汉以后的要我们自己学习，自己掌握。从中我懂得了：大学的课不仅要有广度，而且要有深度；课给学生提供严谨治学的榜样，真想读书，路就要自己走。至今，周教授一手漂亮的板书，板书的布局安排，仍深深印在脑海里，它给我们学习、复习提供了很大帮助；他学识底蕴的厚重，记忆力的超群，常令我们钦佩不已。

难忘教我们世界教育史的曹孚教授。世界教育史是选修课,在小教室上。由于学生少,曹教授对我们很熟悉,课前课后与我们平等交谈,很和善,一点架子也没有。学生宿舍和曹教授家距离不远,常看到他提着篮子买菜或提着瓶子买酱油买酒,更觉得他和我们学生一样,是常人,因而,思想感情上也很有亲近之感。天逢下雨,他总戴一顶铜盆帽,穿一件米色雨衣,脚蹬一双套鞋来上课。讲课时会习惯性地把左手叉在腰间,右手伸直指着黑板。于是,构成了一幅生动有趣的画面。帽子是茶壶盖,左手叉腰是茶壶把,伸直的右手是茶壶嘴。于是,学生亲昵地称他为"茶壶老师"(因"曹孚"与"茶壶"可谐音)。当然,只敢背后讲,当面是不敢吭声的。不过,路上若碰见,同学之间会轻轻说一声,"看,茶壶老师",然后,相视一笑。其中绝无丝毫不尊重,而是感到亲切,亲近,师生十分友好。

曹教授教世界教育史时,手无片纸,口若悬河,各个国家教育的发生、发展、特点、利弊,讲得具体生动,有理有据,似乎他在那些国家办过教育一般。学生没有教科书,全靠记笔记,不仅听时要全神贯注,而且笔记要记得快,记得清楚。两节课下来,手的肌肉紧张得都会抽筋,臂膀也酸得够呛。一学期结束,两本厚厚的笔记。考试结束,曹教授向我索取笔记,没多久,就以此笔记为基础,出了一本《世界教育简史》,书的扉页上写着"于漪女棣指正 曹孚"。我如获宝贝,珍藏起来。可恨"文化大革命"抄家,把书都抄走,音信全无。书被劫走,但老师传授给我的知识与智慧是永远不可能劫走的,老师的博学多才永远是自己学习的榜样。

中学求知,如驾轻舟徜徉在湖面上,湖水晶莹澄澈,令人心旷神怡,又如棹扁舟在清溪上荡漾,两岸风光旖旎,美不胜收,忽又溪回路转,柳暗花明,教人应接不暇。大学求知,则如临广阔无垠、烟波浩渺的知识海洋,时时令人望洋兴叹,但有时又有乘长风破万里浪的感受。在老师的教导下,自己成长起来,似乎心胸日日宽广,丰富的知识"给我狭窄的心,一个大的宇宙"(冯至《十四行集》)。此时此刻,怎能不深深怀念引领我们永远前进的可敬可亲的老师?师恩浩荡,刻骨铭心。

初遭疾病的磨难

1951年夏,面临中华人民共和国成立以后大学毕业生全国统一分配的大事。全市所有高等学校毕业生集中到上海交通大学学习,为期一个月。听首长报告,讨论形势与任务,对照自己,写思想小结,表决心。所有的活动最后聚焦在六个字上:"服从统一分配。"对有些学生来说,家在上海,家境又好,服从统一分配,到祖国最需要的地方去,是有相当难度的。对我而言,没什么困难,有工作就满意,能读完大学已极其不容易。

一批批名单公布,怎么也没有想到自己竟然分配在上海,更没有想到分配到华东人民革命大学附属工农速成中学。学生都是干部、战士、劳动能手,大部分学生比自己年龄大。我不是中文、数学等专业毕业,是学教育的,却要我教文化班。其实,文化班就是平行班中文化程度最低的,主要教识字。即使如此,上第一课我仍然十分紧张。学员有革命经历,尊师重教,有的站起来回答问题,先立正、敬礼,再述说自己的看法,我深受教育。

就在教坛上邯郸学步之时,病魔突然大举袭击。严重的溃疡病,吐血、便血,缠绕得我无法正常工作。那时,医生对消化道溃疡病的认识缺乏科学的依据,因而,治疗也就东一榔头西一棒子,瞎折腾。失血过多,须输血;输血,舌头麻,发高烧,说胡话。说必须用饮食疗法,才能让溃疡修复,于是,吃4个月的流汁,菜汤,米汤,瘦得像人干,一丁点儿力气都没有。说溃疡与脑神经有关,什么"应激状态",于是采用封闭疗法,很长很粗的针从背下部扎进去,把胃封闭起来,隔断胃与脑神经的通道。又说溃疡本身难以治愈,难以消除,要靠外界力量帮助。当时流行"组织疗法",从国外引进的,什么壁虎组织液、鸡血组织液,往身上注射,有什么效果,不得而知。我首次尝到了病痛对人的折磨。"痛"伴随着日日夜夜,我简直已体会不出胃不痛是怎样的感觉,唯一期盼的就是病痛早日离我而去。

用现在的办法来治,根本就不可能这样折腾。1979年,澳大利亚科学家巴里·马歇尔和沃伦发现消化道溃疡这类病是由幽门螺杆菌引起,马歇尔在1984年不惜"以身试菌",得到验证,这才彻底改变了人类对这一类疾病的认识,造福全世界数以亿计的患者,消化道溃疡也因此成为可治之症。当我看到报载2005年这位"幽菌之父"马歇尔获得诺贝尔医学奖的消息,心情分外激动。往事并不如烟,那些病痛的状况还埋在记忆里,想到那些,背上会冒凉气。我钦佩科学的发展造福人类,我更钦佩马歇尔追求科学真理,解除病人苦难,以身试菌的无私奉献精神。

祸不单行。溃疡病还未治愈,肝炎又来光顾。由于医疗方面缺乏常识,总以为是胃病,难受,恶心,年三十晚上进医院,立刻被隔离起来,人平躺都气喘,黄疸扩散。一个人关在一间小病房里,除了医生检查,护士打针外,什么人都见不着。有一天把我吓坏了,六位医生来,领头的是主任,说要把肝钩一点出来化验。病人无发言权,何况我是重症病人,经常有名护士陪伴在我床边。我只得听从医生安排。先在胸部消毒,然后用一把锃亮的钻子在两根肋骨之间钻洞,再后要我屏住气,不能呼吸。就那一刹那间,似乎心肺都被扯了出来,那种疼痛无法形容,只有自己知道。事前医生一再嘱咐,不能喊叫,不能动,否则易大出血。忍着,忍着,头上尽是冷汗。随后,肝区部分压上沙袋,身体下面垫块棋盘般的硬板,二十四小时一动不能动,当然更不用说翻身了。这就是肝脏穿刺,真是痛苦不堪。

严格按照医嘱办事,我竟然逐步好了起来,从一人的小病房移到三人住的大病房。我简直没有想到工作后的第一课是疾病的磨炼。好一点,差一点,再好一点,更严重一点,好似拉锯战,生命在和疾病不断地搏斗。搏斗中锻炼了意志,锻炼了韧劲,锻炼了一个坦然的心情。生死就那么回事,无论遇到什么困难,什么挫折,既不能张皇失措,更不能精神崩溃,只要有一线希望,就要努力,一步一步往前走。

课当然无法继续教,较长时间只能半天工作。于是,到图书馆管理图书。登记,分类,编目,出借,整理。开始比较生疏,但因祸得福,与书为伴。

住医院最大的乐事是读书,读历史,读小说。列夫·托尔斯泰的《安娜·卡列尼娜》《战争与和平》《复活》细细读,慢慢想,走入作品,安娜、列文、娜塔莎、库图索夫、马丝洛娃、聂赫留道夫等一个个鲜活的形象犹如站立在眼前。由衷地佩服文学大师文字的功力,怎么会观察得如此精细,对人的内心世界了解得如此入木三分?俄国的、法国的、美国的、德国的、苏联的,什么小说都看,域外风情、域外生活也就略知一二。有一个时候就专门读剧本,纸上看戏,也别有风味。郭沫若的历史剧一天读一本,精彩片段朗诵几句,俨然成为剧中人。有些问题脑子里一下子化不开,就存放在那儿。如曹禺的名剧,为何总宣传《日出》《雷雨》,为何不大宣传《原野》?深层次的原因是什么呢?抗日战争的小说、反德国法西斯的苏联卫国战争时期的小说,几乎是出一本读一本。我常为书中的故事激动不已,那种对祖国的忠诚、对革命事业的执着、置个人生死于度外的大无畏精神常萦绕我脑际,有时难以入睡。正如俄罗斯小说家邦达列夫所说:"一个人打开一本书,就是在仔细观察第二生活,就像在镜子深处,寻找着自己的主角,寻找着自己思想的答案,不由自主地把别人的命运、别人的勇敢精神与自己的个人性格特点相比较,感到遗憾、怀疑、懊恼,他会笑、会哭、会同情、会参与——这里就开始了书的影响。所有这些,按照托尔斯泰的说法就是'感情的传染'。"读书对人的影响力,对人的熏陶、感染、塑造有极其重要的作用。

可惜的是当时的身体太差,不能多用心思思考;如果身体好一点,用功阅读,读些理论,读些文史哲经典,今日的文化底蕴就会厚实一点。人是没有后悔药好吃的,在人生征途中回顾过去的步履,总觉得稀里糊涂的时候不少,要是清醒一点该多好啊!

"放卫星"的闹剧

1957年下半年工农速成中学停止招生,要向普通中学转轨。我因学教育专业,希望能调到师范学校教相关的专业。1958年初终于成行,调到上海市第二师范学校。这所学校十分美丽,占地近140亩,是上海市人民政府兴办的第一所中等师范学校。中轴线上是教学大楼、荷花池、400米跑道的操场,房子是红砖红瓦,檐外翘,大屋顶,树木成行,绿草如茵,一看就令人喜欢。

接待我的是位副校长。他说,学校缺教师,但教育学、心理学、教材教法等专业课不缺,缺历史教师,课排好了,就等老师来上课。副校长要我教六个班级师范二年级的中国古代史,每班3节课,每周18节课。开始,我有点犹豫,身体刚好一点,承担得了吗?那时上课基本上是"满堂灌",教师讲,学生听,学生记,一讲到底,每节课50分钟,三节课如果连排,就是近三个小时。再说,虽有教材,但上课可不能照本宣科,要补充,要用观点统率材料,进行分析。要分析得有理有据,娓娓动听,学生信服,课前须下相当功夫。更何况,我不是学历史这个专业的,教起来肯定是千疮百孔。继而一想,也好,教历史就要学历史,我本来就有兴趣。一个偶然的机会,一位出版社同志要我为少年儿童写点历史小故事,于是,我花时间读了一点书,写了两本历史小故事的书,一本是《春秋战国的故事》,另一本是《明清的故事》。前一本画插图的是当时有名的画家董天野,10个小故事10幅插图,封面是彩色的,很好看。尽管书是薄薄的两本,但毕竟花过功夫,这也就是改行教历史的微薄基础吧!反正可以边教边学,边学边教。

教了没多久,社会上就刮起了"大跃进"的风,风越吹越劲,越吹越猛,学校当然不能幸免。先是教育革命要革到学科,要踢开教材搞革命,每个学科教学要大胆"解放思想",要学粮食"亩产万斤"一样"放卫星"。历史学科到底怎么放呢?人人要说想法,而且要用彩色海报画出来,表达"革命的想法"。中国古代史教材是以朝代的更迭为线索编写的,怎么"破"这个框框呢?我们讨论来讨论去,翻看报纸杂志上的消息。有文章说,历史书是帝王将相的历史,须翻个底朝天,历史怎么进步的?主要是农民一次次起义。于是,我们想出个办法:把教科书上的一次次农民起义串联起来教。哪里有压迫,哪里就有反抗。反抗,造反,逼迫统治阶级退让,农民有了土地,生产就发展,社会就会有进步。所以,农民起义是社会发展的真正动力。至于经济、文化等均不作讨论。

农民起义在社会发展中当然起相当作用,但封建社会的历史不能和农民起义之间简单地画等号,不能"中国古代史(封建社会)=农民起义"。讨论时,一位年长的历史教师总是不开口,显然,他有看法,但又不便说,问他,他总说:"我不懂,你们试吧。"历史极其丰富,历史现象十分复杂,要认识历史规律不是一件简单的事。我们既没有作任何潜心研究,又没有大量足以佐证的材料,就大胆地删减教学内容。想的只有一点,要改革,改革才能"放卫星"。报纸上天天登载的是粮食超量生产,照片上是小孩站在庄稼上;登载的是某某名校推倒旧教材,学生自编教材,质量大大提高。风越吹,胆越大,行动也"果断"起来。

于是,我们组织几名学生一起编农民起义的文字材料,并花大量功夫制作幻灯片。如陈胜、吴广起义的始末,赤眉、绿林起义的经过,黄巾起义的特点,等等,都是在大家认真准备、情绪高涨的情况下绘制的。

放幻灯时要讲解,先是教师充当讲解员,然后训练学生,让学生充当讲解员,讲解力求生动。历史课成了放幻灯课,用形象的教学手段。这一来,从内容到表现形式都改革了,"卫星"放到天空。然而,这些内容连在一起教,出现了这样的情况:历史课就是冲冲,打打,杀杀,再冲冲,打打,杀杀。这就是一部文明史吗?忙得厉害,没功夫深究。尽管当时放幻灯的条件很差,与今日多媒体声、像、色制作俱全相比,简直是两个世界,但学生看起来还是觉得新鲜,有滋有味。学生毕竟是学生,关键在往哪里引。要不要讲点科学态度,要不要尊重历史,今日回想起来,确实是一场闹剧。什么叫"放卫星"?胡思乱想,信口开河。说幼稚还情有可原,实质是自己根本不能也不会独立思考,追风,跟着起哄,不尊重科学,热热闹闹犯错误。

其实,何尝只是学科教学领域的胡闹?紧接着,学校也要大炼钢铁。所有的课全部停下来,全校师生齐动手。学校里可以炼钢的东西,教室里、宿舍楼、厕所里所有的铜把手、铁把手,包括门轴,只要是铜的、铁的,都被拆之一空,投入炉中,付之一炬。一时间,学校里炉火熊熊,一个个炼铁炉、炼钢炉登台亮相。相伴出现的,是门窗一个个洞,没有一扇门是可以关严实的,所幸那时没什么"贼",否则,学校安全不堪设想。白天炼,晚上炼,确实炼出一团团黑黢黢的东西,是铁,是钢,还是渣?不得而知。但是,还是作为成果,送到展览会上展览了。

我被分派的任务是跟着班级学生拆墙,捡砖,运到学校砌炉子。不仅要拆学校里的,还要和学生一起拉着小板车到外面去找断墙残垣。那是很辛苦的,白天干了不算,晚上还要拉小板车在马路上奔跑。哪怕是残垣废墟,碰到是私人的,就得争执,就得大费口舌。身体吃不消且不说,脑子里也有想法:怎么可以去拆人家的东西?这炼的真是钢吗?但不敢说,因为谁都不说,都在热火朝天地干。况且,自己也认为我们国家太需要钢了,要不受人欺侮,就要加紧生产,钢铁产量必须大大增加。

还有不可思议的事是开垦校园,把大块大块草坪开垦为耕地种庄稼。要求"深耕",掘地三尺种红薯。这一决策可说是工程浩大,先把草坪铲除,再人工一锄头一铁锹地挖土。肥料从何而来?挖沟泥。学校有条小沟,与学校外一条小河相连,把小沟里的水舀到校外小河里。工具是脸盆,每个住读生拿自己的脸盆,站成"一"字形舀水,传递,再舀出去,很壮观,简直是愚公移山的精神。水舀得见沟底,就把沟底泥挖出来,投到新开垦的土地上。别说一个个学生都像泥人儿,就连那舀水的脸盆,也面目全非了。歪的,斜的,搪瓷也都脱落。这么宏伟的场面,迄今为止,我也没弄清楚是上级指示这么办,还是学校领导的"创造"。原来花园般的学校已改变面貌,除了教学大楼、宿舍楼,如茵的绿草不见了,花坛不见了,代之而起的是形态各异的小火炉,大片大片的旱地上堆了不少黑泥。整个过程一呼百应,人人上阵,组织指挥的力量也真是了不起。

紧接着各班学生又在教师的带领下到郊区农村战三秋,抢收,抢种。令人不能理解的是村里办一个大食堂,村民吃饭不要钱,可敞开肚子吃。学生都是十八九岁的师范生,有的问:这钱是谁付啊?吃光了怎么办?没有人搭腔,也没有人解答。我们师生当然是付伙食费的,劳动锻炼了半个月,拉练步行回学校。返校后还要做大战三秋挑灯夜战的总结。

教师、学生在体力劳动方面着实锻炼了一番,但文化学习是丢在一边了。钢没有炼出来,深耕的地产的红薯只有胡萝卜那么大。大家似乎也不放在心上,视若无睹。

当时,每个做法我都是从绝对相信开始,但在过程中又会产生种种困惑。解答的办法几乎千篇一律:自己水平低,慢慢就会懂了,只管做就行。真是盲从得可以,盲从得心安理得。

"门"在哪儿

党支部书记找我谈话,我又改行教语文了。

谈话十分简单,两分钟。我说我不是学中文的,教,有困难。他说:"你不大学毕业了吗?"我说:"隔行如隔山。"他说:"工作需要。'在战争中学习战争',这是最高指示。"一锤定音,我无话可说。我又央求:"让我参加进修好不好?""工作这么忙,自己抓时间自修。"三言两语,我就进了语文教研组,教高中二年级。

"隔行如隔山",这话一点不假。一捧教科书,难题就来了。文言文可串讲,过去老师就这么教我们的,现代文怎么教,学生基本能看懂,教什么?首先须认真备课,读懂教材,读通教材,其次是向高手求教,向高明的教师求教。对我而言,除了上述二者外,还得老老实实打中文的底子,补先天的不足。b、p、m、f不认识,没学过,得从汉语拼音学起;只粗知英语语法,汉语语法没学过,我不得不用双倍乃至数倍的工夫学习,从语音、语法、修辞、逻辑到中外文学史,到阅读一定数量的中外文学名著,以文学史为纵线,以各个时代重要的作家作品为横线,纵横交错,再旁及其他,力求在两三年内把中文系的主要课程捋一遍,增添一点教学的底气。为此,拼命挤时间学。那时,一周有两个晚上政治学习,回家总得九点半以后。每天晚上九点以前备课,改作文,九点以后学习,自修,咬着牙学,天天明灯陪我过半夜。不学,上课就没有发言权。

备课这一关不好过。有的老教师手握两支粉笔,挟本语文书,就去上课了,轻松得很。我却包袱沉重,总觉得丈二和尚摸不着头。清晰地记得第一次备鲁迅小说《药》的情景。小说第1段开头是这样写的:"秋天的后半夜,月亮下去了,太阳还没有出,只剩下一片乌蓝的天;除了夜游的东西,什么都睡着。华老栓忽然坐起身,擦着火柴,点上遍身油腻的灯盏,茶馆的两间屋子里,便弥满了青白的光。"读到"除了夜游的东西,什么都睡着"这句时,我就被卡住了。一个"着"字四个读音,在这儿该怎么读呢?读轻声 zhe,句子压不住;读 zháo,应该后面还有个"了",读起来就更顺妥。那时没有教学参考书,翻阅了好些材料,抓不到准确的读音。做老师总不能蒙学生,碰到吃不准的地方就绕道走,含糊过去。想到这点起码的责任,我就继续翻检。最后在鲁迅作品英译本中找到"all was asleep",而不是"sleep",才吃准了读 zháo。再说,二三十年代的白话与现在的有不少区别。查一个字的读音都那么难,更别说一篇篇文章的来龙去脉了。

备课,必须一丝不苟,把教材吃透。我给自己立了个规矩,要独立思考,刻苦钻研,力求自己真懂。要培养学生的阅读能力,就须先培养自己的阅读能力。每备一篇课文,总要查清时代背景,推敲词句,理清作者思路,脑子在课文里来来回回走。从语言文字到思想内容,再从思想内容到语言文字,追根寻源,弄清三个问题:这篇文章写什么?怎么写的?为什么这样写而不那样写?三言两语能够准确地拎出来,毫不含糊。哪怕是一个词语一个句子,也要反复推敲、咀嚼,从不同角度思考,肯定,否定,再肯定,再否定,脑子里始终有思维的火花。比如被鲁迅誉为"西汉宏文"的贾谊的《过秦论》,文采斐然。这种政论散文洋溢着对国家前途的忧患意识,铺陈渲染,充满政治家的睿智。备课时就须弄清历史事实,弄清议论的锋芒所在。文章先竭力夸张秦国力量的强大,又述说一朝败亡的迅速,以强烈的反差,突出"仁义不施"是必然败亡的原因。贾谊写《过秦论》的意图就是告诫汉初统治者吸取历史教训,鉴古知今,施行仁义,安抚百姓,巩固帝业。然而,仅仅抱住这一点还不够,文章的结论是:"仁义不施,而攻守之势异也。"可理解为秦因不施仁义,由强盛变为衰败,攻守的形势发生变化。这仅是粗知大意。读一读《过秦论》中篇,就可较为深入地理解。中篇中有:"夫并兼者,高诈力;安定者,贵顺权;此言取与守不同术也。""异"为"不同"。攻取天下与守天下谋略应有所不同,秦不知,未能顺应时势。故而文中与施行仁政提出的同时,就指出"攻守之势异也",须改革时政,方能巩固帝业。因而,教,只是《过秦论》上篇,但要懂,还得把中篇、下篇读一读,领会作者的恢宏气度和良苦用心。

为了备好一堂课,我常常花十个小时,二十个小时,乃至更多的时间。经过上百篇教材的独立钻研,我开始尝到了庖丁解牛的滋味。何处是经络,何处是骨骼,脑子里比较清晰。拿到一篇文章,作者的思路,书写对象的来龙去脉,语言文字运用的匠心,就有了一点看清楚的穿透力与判断力,而不是茫茫然,无目的无方向了。我总觉得别人分析教材写的资料,是别人潜心研究所得,对我来说,总隔了一层,只有经过自己独立钻研,所得体会才是真切的。犹如不知名的小花,虽不名贵,但植根于土壤,有活泼的生命力。拿自己的真切体会指导学生学习,就不会沉迷于空洞的概念、大话、套话,学生就能真正受益。

自己钻研的同时,还必须向高明的教师求教。当时我最大的愿望,也是最强烈的愿望,就是听老教研组长的课。这位组长徐老师琴棋书画都行,写得一手漂亮的字,棱是棱,角是角,很有骨力。可课堂是不能随便进的,不得到别人的许可,不能贸然走进别人课堂去听课。我多次向徐老师提出,他总摇摇头,不应允。于是,我采用了"感动上帝"的办法,把教研组的清洁卫生工作全部包下来。我年轻,扫地,擦桌子,拖地板,打开水,倒痰盂,对我来说轻而易举,不过早一点到学校,花点力气而已,给一二十个教师的办公室提供清洁舒适的环境也是我年轻教师应尽的义务。

然而,"上帝"未被感动,我仍然没有获得听课的许可,冷不防地徐老师倒突然来听我的课。我推开教室门,看到他坐在教室最后的一张椅子上,一脸严肃的神情。我因为毫无心理准备,腿不由自主地弹起琵琶。要知道,听课不怕外行,就怕内行。俗话说,外行看热闹,内行看门道,我这个初来乍到,语文门道最不掌握的人当然害怕别人听课。好不容易我才定下神来开始讲课。我清晰地记得那天教王愿坚的小说《普通劳动者》,对作品中的"将军"和士兵"小李"进行人物分析。学生能认真阅读,静心听讲,我自认为讲得还是有条有理的。

课后,他找我谈,说了板书、条理、教学语言几个优点外,郑重其事地说:"语文教学的大门在哪儿,你还不知道,人物形象分析是这样贴标签的吗?什么热爱劳动,平易近人?"我的头突然"嗡"的一声,炸开了,犹如五雷轰顶,我一下子就蒙了。定了定神,我向他请教该怎么教,他金口难开,又不吭声了。从此,再也不提课该怎么上的事。他寡言少语,大家都怕他。如果说话,不是傲然不驯,就是略带鄙夷的口吻。我当然再也不敢问了。

语文教学的大门究竟在何处?脑子里整天翻腾着这个问题,即使路漫漫其修远兮,我也要寻找。不仅要找到门,而且要登堂入室,深味其中的奥妙。老组长这句"金石之言",成为我教学生涯中不懈追求的动力。我常常反躬自省:"你入门了没有?'堂'在哪儿?'室'在何处?你清楚了多少?一名对学科教学不入门不辨堂室的教师怎能称职?怎能对得起学生?"外力在教育历程中化为我内驱的动力,从此,我更是夙兴夜寐一灯明,寻寻觅觅。

一方面,我继续着力打基础,广为涉猎,吮吸其中琼浆,丰富自己的语文素养;另一方面,广泛地寻找借鉴,从中探索入门的途径。

到记忆中搜索。当年自己在中学求学时,语文老师是怎样教我们的,哪些课拨动我们的心弦,使我们激动,感奋,引领我们在优美的语言文字、精辟深邃的思想里遨游,使我们享受语文,享受文化,享受欢乐?有些课经久不忘,至今历历在目。声情并茂的朗读、讲解,旁征博引的议论、评析,眼神、手势、神往的表情,一幕幕在脑海中浮现,我常顿然有所悟:这就是语文!

从比较中学习。当时教的要求是落实字、词、句、篇、语法、修辞、逻辑、文学常识;流行的教法是介绍文章的时代背景、作者生平、字词解释、疏通文意、划分段落、归纳中心思想、说明写作特点。从报纸杂志上的有关文章,从教研组会议的讨论中,我对上述情况略有知晓。但究竟怎么教,脑中仍然充满问号。难道语文教学就是这样一种模式?它好在哪里?不足是什么?难道语文教学只有一扇门?我不信。我要占有,挑选,借鉴,走自己的路,绝不依样画葫芦。许多国家都有母语教育,怎样通过母语教育哺育后代成长,必有自己丰富的经验。可惜当时封闭,能看到的资料凤毛麟角,只能从外语教学中体悟一二。选文进行比较,语法进行比较,读写训练进行比较,利弊得失,朦朦胧胧有了点自己的看法。

到语文教育论述中寻觅。张志公先生的《传统语文教育初探》,朱自清、叶圣陶、吕叔湘诸位先生对语文教学的众多论述,从识字教育到工具书的使用,从阅读教学到作文训练,我认真阅读,逐一推敲,从中寻觅有效的途径。

探究教学原则、教学方法,不仅要知其然,且要知其所以然。为了教好学生,我如饥似渴地读、想、实践,用志向和毅力寻找语文教学的大门。

和学生的心弦对准音调

一篇篇课文下功夫钻研,力求做到理解,熟悉,如出自己之口,如出自己之心,教起来就神不乱,心不慌,能够得心应手。然而,仅局限于此,是远远不够的。我对语文教学脑子里必须有整体的框架结构,千万不能烂泥萝卜洗一段吃一段。培养学生的语文能力是大事,有很强的目的性,不能脚踏西瓜皮,滑到哪里算哪里。

于是,我反复推敲语文学科的目的任务。语文的目的任务,从来是摇来晃去,争论不休。我觉得作为一门独立的学科,应有自己的特定任务,不能把它降低到只是为学好数理化服务的这一点上,否则就会出现以局部代整体、以片面代全面的问题。语文是工具,这无可非议,但引导学生理解和掌握工具的同时,也就传承了中华民族的优秀文化、人类进步的文化,对学生的思想、道德、精神层面进行了培养,因而,教文和育人必然紧密联系,不可分割。只不过是教者有意识和无意识罢了。我们说文章好,总不外乎是思想内容好,见解精辟,文字优美,思想内容和语言文字辩证的统一。如果只是某一个方面好,那怎么能成为一篇文质兼美的好文章呢?作为一名语文教师,对语文教学目的、任务一定要非常明确,只有把文道两者辩证地统一起来进行教学,缘文释道,因道解文,才能使学生在弄懂语言文字的基础上,深刻地理解文章的思想内容,受到启发与感染。

对学科目的任务的认识关系到教学的全局,关系到一个个具体的教学行为。教文、育人一肩挑,我心胸开阔了,思考问题的立足点高了。与此同时,还要考虑中学阶段的"序"(此时,学校已从师范转为完全中学)。初中达到怎样的目的要求,高中达到怎样的目的要求,也就是各个学习阶段的要求须明确。一定的年龄完成一定的学习任务,含糊不得。每年、每个学期又根据阶段的要求制定年级与学期的分要求,每个学期的要求又分在教材的各个单元中体现。如果目的任务不明确的话,教学内容就会大杂烩、啰唆、重复、颠倒、缺漏,什么情况都会出现,就会事倍功半,教学实效性差。教学要有一盘棋的思想,总的教学目的要求通过阶段目的要求,每年每学期每个单元每篇课文的目的要求来实现。如果说一篇篇课文好像是一个"点",那这些"点"就要把它穿在相关的线上。比如教学生学记叙文,就要把和记叙文有关的课文、有关的知识传授、能力培养纳入这条线上;教议论文,也是通过一篇篇议论文进行,把它们纳入议论文这条线上,先教什么,后教什么,如何循序渐进,作好安排。然后,把许多条线又汇成一个面,最终实现语文教学的目的要求。因此,既要有面,又要有点;既要有全局,又要有很细致的分析。把这些点、线、面穿起来,目的任务明确了,成竹在胸,就不会打无准备的仗。

胸中有书,有语文教学的总体框架,这是我备课的一个部分,另一个重要的部分就是了解学生,研究学生,真正做到目中有人。

目中有学生,说起来容易,真正做到极不简单。教学,当然是以教材为依据来教学生。然而,在教学过程中,手中的书和面对着的人——学生,常常不能正确地放在应有的位置上。记得自己初当教师时,眼睛只盯着教科书,以为钻研了教材,写好教案,把课文讲出一点名堂来,就完成了任务。至于对学生的研究却认为没什么关系,不研究照样教。其实,这种目中无人的观念是糊涂观念。这种观念的缺陷在于:没有清醒地认识到教学必须从学生的实际出发,没有清醒地认识到培育人才是教育教学的大目标,一切教学活动必须服从这个大目标,为实现这个大目标服务。

教学,教学,"教"要在学生身上起作用。在教学工作中,学习者是第一因素,没有学习者就没有学习。美国教育家杜威对这个问题有一个精彩说法,他认为在教学过程中没有学生,正像没有买主就没有销售一样,谈不上什么教学。同样道理,课堂里虽有学生,但教课时不研究和考虑他们的实际情况,只从教材出发,岂不和没有学生一样?教学是教师的教和学生的学双方面的活动,教师的本领就在于调动学生学习的自觉性和主动性,促使他们充分认识发挥主体的作用。

我深深体会到:作为一名语文教师,手中必须牢牢把握两个实际,一是教材的实际,一是学生的实际。这正如"矢"和"的"一般,不看准靶子射箭,那是无的放矢,完全失去了"放矢"的意义。当然,"矢"的质量如何也很重要,如果质量差、掌握上不得要领,同样也不能"中鹄"。因此,教材和学生都很重要,教师既要吃透教材,又要对学生的情况了如指掌,而从根本上说,钻研教材、使用教材的目的正是为了教学生,为了让学生学好学会。

基于这样的认识,我和学生交朋友,了解他们,研究他们。了解学生的方法多种多样,常用的是:望、问、听、阅和材料跟踪。望:目测,课内课外与学生接触中察言观色;问:作口头和书面的询问、调查;听:谛听学生朗读、背诵、说话、讲演;阅:批阅学生各种语文作业及其他书写的有关材料。根据平日了解所得建立每个学生的学习资料,定期填写有关项目,如学习进步的表现,知识上的薄弱环节,书面表达的难点,某一好的学习方法,或某一不良学习习惯等,进行材料跟踪,研究他们在语文学习上的发展变化。与此同时,了解他们的思想、性格、兴趣、爱好、学习心理、学习习惯等。

做班主任要家庭访问,个别谈心,了解学生,当任课老师也一样,同样要全面关心学生,和学生做朋友,和家长做朋友,从思想到生活到学习,无所不谈。有同事笑我:"你比班主任还班主任,管得真多。"其实,我深切体会到:要真正洞悉学生的个性不是件容易的事,须多思考,舍得花功夫,花精力,多侧面多角度地了解,观察要精细,分析要周到。早在两千多年前,孔子就说教学生要"观其所以",即观察学生的日常言行;"观其所由",即观察学生所走的道路;"察其所安",即考察学生的意向;"退而省其私",即考察学生私下的言行。现代教育对学生个性之间的差异更加重视研究。学生具有独特性、多样性,一人一个样。性格有开放的,有内向的;有喜欢发表意见,一吐为快的,有口拙,羞于言谈的;学习有努力的、细致的,有马虎的、粗疏的;有喜欢热闹的,朋友多的,有喜欢安静的,一二知己的,甚至孑然一人的……学生世界丰富多彩,如果不进入他们的世界,不认真探索他们的所作所为、所思所想,只凭一时一事所得为依据,常会对学生的情况判断错误,影响教育教学效果。

了解学生,是为了和他们的心弦对准音调,理解他们,研究他们的发展变化,促使他们健康成长。

苏联教育家苏霍姆林斯基曾说过这样一段精彩的话:"在每个孩子心中最隐秘的一角,都有一根独特的琴弦,拨动它就会发出特有的音响,要使孩子的心同我讲的话发生共鸣,我自身就需要同孩子的心弦对准音调。"确实如此,我这个教师如果不和学生的心弦对准音调,那就是乱弹琴,我说的话、上的课就不可能符合他们的生理、心理需要,就不可能在他们心中引起共鸣。振幅极小或没有振幅,师生思想感情得不到很好的交流,教学语言的吸引力、感染力也就大大削弱。

为了和学生的心弦"对准音调",我首先在"发现"上下功夫。教师要随时随地开放自己的感官,让学生思想、品德、知识、爱好、生理特征、心理特征、人际关系等各种信息进入自己的脑中,分别储存起来,千万不能闭锁自己的感官。尤其是要锻炼自己的眼力,要有敏锐的目光,要善于发现学生身上的优点、特点、长处,哪怕是思想、言行偏差较多的学生,他们也有成长向上的闪光点,窥见他们心中的那"一角",肯定,激励,引导,他们对我会报以灿烂的笑容,"笑"的音符也会在我心弦中弹奏。有眼力就要巨细不漏,越是细微之处,越不让它在眼皮底下溜走。撇一撇嘴,脸上掠过一丝笑意,目光中突然出现某种异彩,这些细微的表情、动作瞬息即消逝,如果能迅速捉住,和彼时彼地彼事联系起来思考分析,就可窥见学生心中的那"一角",窥见他们对某些问题的真实想法,大至社会、人生,小到一句话语、一个动作,在这方面的例子真是举不胜举。

要"对准音调",还须在理解上下功夫。教师要做到真正理解所教学生的心,那不仅要讲究科学,而且还要讲点艺术。学生有学生自己的内心世界,他们有自己的想法与追求,有自己的快乐与苦恼。尽管他们的想法、做法在成年人看来是幼稚的、粗糙的、鲁莽的,甚至是可笑的,然而,他们毕竟是不成熟的青少年学生,如果他们都懂事,都有很强的自控能力,学习、做事都很自觉,还要我们教师干什么?我总是换位思考,设身处地为他们想想,不能以成人的想法、做法来框,要理解他们的心情、愿望、欢乐、忧愁,少下"禁止令"、少设"阻挡栏",要正面引导,积极为他们"出谋划策"。例如有个学生是球迷,上课都会情不自禁地来个投篮动作,思想当然开小差,人在课堂,心在操场,作业潦草、马虎。责备无用,谈几点要求根本无济于事,关键在要弄清楚这名学生为什么这么着迷。深入了解才可能有良方。球类活动本身是健康的,对男学生的身心发展均有益。肯定,鼓励,支持,他参加比赛我助威,师生敞开思想论球、评球,他的心扉也就敞开,心的那"一角"是:"学习上我比不过别人,篮球上我是英雄,把他们踏平。"我肯定了他的勇敢,肯定了他的志气,再引导他逐步纠正认识上的偏颇,师生共识多了,学生成长就更为健康。

"音调"不是固定不变的。青少年学生在成长时期,知识日益增多,智力不断被开发,思想、性格、兴趣、爱好等都在变化之中。有的是顺着原来的方向发展,加深,逐渐成熟;有的变化比较大,不是在原来的线上移动,而是拐弯,形成了角度。如好动的变为好静的,马虎的认真起来,某知识缺陷弥补后出现了飞跃。因此,教师了解学生的工作不是静止的,不应停留在某一点或某一阶段,要有连贯性,经常作前后的比较分析。例如有位男学生学习数学勤奋、刻苦,成绩优异,学到语文,似乎换了一个人,没精打采,随随便便。症结究竟在哪儿?他不喜说话,不爱言谈,一问三摇头,正面接触难收效果。有次教说明文,说到数学时,他眼睛突然发亮,耳朵竖起来听。课后,我与他谈论学数学的重要,中外数学家的成就,打基础和做贡献的关系,谈着谈着,他进入了不自知的境界:"我爸爸说的,'学好数理化,走遍天下都不怕',我舅舅也这么说,将来要走遍天下,现在就要拼命学。"小小年纪,思想印记就如此之深。于是,因势利导:数学是人生的工具,语文也是人生的工具,都是须臾不能离开,陪伴人的终生。要获得良好的发展,切不可瘸了一条腿,一条腿走路多不方便,怎么飞奔呢?他点点头,恍然有所悟。渐渐地,学语文的兴致也浓了,上课时,听到兴奋处,他的身体会微微向前,手不自觉地推眼镜框,有时嘴还紧紧咬住笔杆。看到他如此全神贯注,我心里也乐开了花。只要"音调对准",教育的有效性就大大提高。

把握驾驭课堂的主宰

备好课不等于就能上好课,更何况备课绝不只是课前作钻研教材、了解学生的具体准备,而是贯串教学生涯全过程的学习、积累、反思、改进。

功底厚实是上好课的前提与基础,但真正要上好课,要上好每一堂课,又受到众多因素的制约,主观也好,客观也好,须认真对待,积极创造条件。就教师主观而言,口头表达能力的锤炼,对教材的洞悉底里,见人之所未见,思路的有条不紊,严谨周密,板书的规范、美观,师生关系的和谐、亲密无间等,均为教好课的重要条件;就学校、就班级而言,学习的风气,学习的氛围,师生的追求,任课教师之间的关系,也是影响课堂教学不可忽视的因素。我作为一名教师,除自身努力外,还须取得外界环境的理解与支持。这一点暂且不说。

教课要一清如水,我追求这样的目标。清晰,学生学起来头脑就清楚,不仅能学得知识,锻炼语文能力,而且在逻辑思维方面可获得良好的熏陶。然而,"清",谈何容易?教课时,总是有个思想在作怪:"多教一点,多教一点,让学生多学一点!"再加上备课钻研所得,更是舍不得丢开。于是,课常常是炒什锦,大杂烩,八宝粥,颜色很美,营养似乎也不错,但学生不受用。有学生问我:"一课那么多内容,我到底学什么?语文就是这样糊里糊涂的吗?数学,学一个公式就是一个公式,不含糊。"

学生的话启我深思。要上好一堂课,须有明确的教学目标。对语文课而言,这一点尤其重要。学生学习数理化,往往懂就是懂,没学过的、没见到的就是不懂,因而,上课总有新鲜感、满足感、成功感。语文不一样,学生经常处于似懂非懂的状态,教什么,怎么教,确实须潜心思考,一定要让学生学有所得。每课有收获,对语文课就不会无所谓,就会感受到语文课上与不上不一样,乃至很不一样。学生如果有这点感觉,语文课的价值也就得到体现。

驾驭课堂的主宰应该是教学目标。这堂课要达到怎样的目的,心中须一清二楚。选用怎样的教学方法,师生之间的活动怎样开展,怎样组织,都要紧紧围绕教学目标进行,为实现教学目标服务。说起来容易,做起来没那么简单。我在以下几个方面用力:

(一)坚决改变多目标导致无目标的情况,不被教材牵着鼻子走。一篇文质兼美的课文,可教的内容很多,碰到几种修辞手法,就讲几种修辞方法,碰到种种描写方法,就一一道来,碰到警句、名言,又拉住不放,有什么教什么,拉拉杂杂,课时永远紧张,永远不够用。好像什么都教了,又好像什么都未说明白,糊成一片。关键在未做教材的主人,而是做了教材的奴隶;不懂得教学是驾驭教材以实现教学目标,教材应为我所用,而不是让教材驾驭自己。语文学科综合性强,同一篇名作,可在中学教,可作为大学教材,区别在教学目标不一样,目的要求有高低之分,繁简之别。这个年级这个学期应该学什么,具体到某个单元某篇课文应该掌握什么,应仔细考虑,十分明确,不能胡子眉毛一把抓。

(二)制订教学目标须明确,具体,切实可行,不千篇一律,不笼而统之。教学目标虽两三行字,是否具体,是否可行,有一个钻研教材的过程,研究学生的过程,根据教材特点、学生实际,筛选教学内容、选择教学方法的过程。制定教学目标,既检验课前准备的质量,又揭示思考能力的提炼。我制定教学目标通常包括两个方面的内容:一是语文知识、语文能力训练要达到的目标,二是德育与美育方面熏陶的要求。目标分别列开为的是心中有底,一目了然;而在教学过程中,二者应有机结合,不可分割。

目标能否具体、明确,相当程度靠教师对教材个性的把握。教学目标的一般化往往建立在对教材一般化的理解的基础之上,从文字到内容比较浅层次的阅读。停留在这个层面的教学,学生难以受益,更难以感动。从教学的正反经验出发,我追求的是把握文章的个性。天公造物非常奇妙,人的脸部都是两只眼睛,两道眉毛,一只鼻子,一张嘴,上下左右的排列也是有定式的。可是人与人极其酷似的凤毛麟角,即使是孪生兄弟、孪生姐妹,也有些微的差别。文章也是如此,凡是名文佳作,各有自己的个性,钻研文章如不能识得个性,很难说真正读懂。不管哪类文章,如果泛泛而谈,个性特征不鲜明,难以成佳作,难以吸引读者。即使是稀松平常的事,善文者必有独到之处,文中必有其与众不同的特色。要把握住文章的个性,有多条途径,我常用的有:

1. 抓准文章的基调。文章佳作必真情铸成,爱憎、褒贬必寓其中。或昂扬,或低沉,或流畅,或含蓄,构成文章的基调。对此有所感受,就能逐步把握它的个性。例如朱自清的《背影》之所以脍炙人口,感人肺腑,关键就在于"真",朴实无华,摒粉饰,去铺绘,有真情。如果只注重关于背影的描绘技巧,就凸显不出文章的基调,对学生心灵的触动大为削弱。文章基调不是凭空臆断,而是有根有据。作者自己说:"我写《背影》,就是因为文中所引的父亲的来信里那句话,当时读了父亲的信,真是泪如泉涌。我父亲待我的许多好处,特别是《背影》里所叙的那一回,想起来跟在眼前一般无二。我这篇只是写实。"显然,《背影》是作者"泪如泉涌"的产物,是作者脑中镌刻的父亲爱抚自己的一幅幅图景再现的产物,是作者从心窝里流淌出来的真情实感。唯其真实,所以感人。父子之间真挚深厚的感情是文章的基调,而这种挚爱深沉的感情又笼罩在生活艰辛的氛围之中。文中作者流了四次泪,难过、感激、怅惘、辛酸,使读的人无不凄然。情必须有所依附,人物形象是抒情的依托,融情于形也最常见。这篇蹊径独辟,不是写人物正面,而是在特定的环境中从背后用饱含泪水的眼光来凝视父亲,刻画背影,用一系列表动作的词句打入读者眼帘,构成鲜明的印象。在把握文章个性基础上提炼出来的教学目标,不论是情感的还是写作技能的,都是这一篇独有的,特征鲜明,学生能具体触摸得到,能比较容易地内化为自己的感受乃至能力。

2. 抓最动人最精彩的笔墨。任何一篇佳作总有精彩笔墨,或启人深思,或感人肺腑,或使人愉悦,或令人悲哀。这些笔墨皆作者发自内心,注入真情,提炼思想,而后见之于文的。阅读钻研时,抓住最精彩的笔墨,最令人动心、令人震撼之处,往往能牵一发而动全身,认清文章的个性。例如文天祥的《〈指南录〉后序》是《指南录》这本诗集的序。它扼要地叙述了作者这次出使元营、逃归永嘉的历程,也就是这本诗集中诗作产生的背景。回顾这段经历时,情不自禁地抒发了自己在九死一生情况下的爱国情怀。尽管这篇序有与其他的序共同的特点,如说明诗集编辑的体例、目的,作序的时间,编集子的缘由,等等,但伴随着九死一生危险遭遇的叙述,吐露的是浩然正气,爱国情怀是这篇序所独有的。"诋大酋当死;骂逆贼当死;与贵酋处二十日,争曲直,屡当死;去京口,挟匕首以备不测,几自刎死;经北舰十余里,为巡船所物色,几从鱼腹死……"一连用18个"死"的句子,感情充沛,气势澎湃,精彩绝伦。句前以"呜呼!予之及于死者不知其几矣"引领,句后又以"呜呼!死生,昼夜事也,死而死矣;而境界危恶,层见错出,非人世所堪。痛定思痛,痛何如哉"收煞,这种挽救国家于危亡,置个人生死于度外的爱国精神可昭日月,"臣心一片磁针石,不指南方不肯休"的忠贞不渝是文章的灵魂所在。抓住这个个性特征,教学目标具体、明确,读起来荡气回肠,感染力极强。

3. 通过比较，把握特色。有比较才有鉴别。同样的事物，在不同的作者笔下完全可以写成个性迥异的文章。钻研教材时在阅读领悟的基础上进行比较，就能更为清晰地把握各自的特色。例如：海燕，高尔基笔下的海燕是一个英勇无畏、搏击暴风雨的先驱者的形象；而郑振铎笔下的海燕则另是一番图景，另有一番风味。前者背景辽阔，变化急剧，风狂，雷鸣，电闪，浪吼，层层进逼，矛盾冲突紧张激烈，海燕在这样的环境中搏斗，英勇无畏的性格得到充分的表现。"斗"是这首散文诗的灵魂，以搏击风浪、勇敢善斗的海燕形象象征俄国革命先驱者的形象，给人心灵的震撼。而郑振铎的散文《海燕》的灵魂是"恋"。1927 年大革命失败后，年轻的郑振铎被迫于同年 5 月离开家乡，离开祖国，远游欧洲。游子思乡恋国，寄情于物。背景是晶天万里，海涛万顷，绝美的海天。把故乡的小燕子和海上的小燕子交织起来写，似分似合，似合似分，借助它们吐露思念家乡、思念祖国的真情。如果说，高尔基的《海燕》是战鼓，是号角，高亢，昂扬，催人整装上阵；那郑振铎的《海燕》是低回，是浅唱，温情脉脉，情意绵绵，乡思乡愁缭绕不绝。

任何一篇佳作，都有其特定的背景，特定背景下产生的思想感情，都有明确的写作意图，都有表达写作意图的种种写法，这就构成了文章的个性，区别于其他文章。洞悉文章的个性，制定教学目标就具体，鲜活，教课时就能避免千课一面的毛病。

（三）教学内容不能与教学目标脱节，在教学实践中，教学目标不应随意改变、随意转移。常有这样的情况：备课笔记上教学目标制订得很明确，但课听下来完全不是这么回事，教学目标未能主宰教学内容，只停留在空洞的条文，教学目标被教学内容所淹没。为改变这种情况，我紧扣教学目标，减头绪，削枝强干，使课眉目清秀。眉目清秀，学生才看得清楚，容易理解。

教学不是一次完成,它有连续性、层次性、阶段性、反复性,要按教学大纲要求与学生的实际情况,循序渐进地分步走。不能有多少内容,就教多少内容,像用水浇菜一样,不管三七二十一,将整桶水浇菜,必然将菜连根带叶一起冲走。上课如果不加筛选,一股脑儿倒,其结果是弄得学生晕头转向,不知所从,这就违背了教学的客观规律。

教学中要有所为,有所不为,有些课文内容,有些语文知识暂时"不为",放一放,是为了更有所"为",千万不能敝帚自珍,面面俱到。我追求教学目标的单一、明确,重点突出,不拖泥带水。以目标为主宰,对教学内容进行取舍详略的处理,舍得割爱。暂时不须教的坚决不教,削枝强干;学生不知其所以然的,与教学目标又紧密相连的,就要着力指导。比如《浣溪沙·和柳亚子先生》这一课中的"长夜难明赤县天","难",学生不以为难,一扫而过,教师就要敲一敲,让他们领悟其中的深刻含义。根据学生讨论,可归纳:"难",此处蕴含三种意思——旧社会黑暗的漫长;处在水深火热之中的人民对光明的渴望;革命斗争的艰难,新中国的幸福来之不易。学生未意识到的难处,教师重点点拨,难点化解,对用词的传神、确切,学生就能有所领悟。有时,为了实现教学目标,难点也可舍弃,可化繁为简。如带领学生学习马南邨的《事事关心》,以阶级的历史的观点评价分析东林党人读书讲学的进步意义和历史局限这部分是课文的难点,但无须重点教,只要让学生理解对古人的主张必须采取历史唯物主义的态度即可。课文教学的重点不在此,因而,要勇于舍弃,不在具体材料、具体问题的是非上开展争论。

教学中原制定的目标适用性不够,或认识较为肤浅、片面,在实践过程中进行修改、调整,这是很正常的事,也必须这样做。有时,教学实践中出现了突如其来的情况,学生有的又有兴趣,于是,旁枝横逸,目标转移。如果与目标关系密切,当然可深入讨论,如果只是花絮,花边新闻,那就大可不必,不必以偏概全,或庸俗化。例如学习《祝福》,有学生对"祝福"这个过去江南一带的迷信习俗发生兴趣,展开来说,一直说到现在,说到灵验不灵验,等等,而祥林嫂是怎样一个典型形象,作者是怎样来塑造这个形象的,其典型意义是什么,均淡化了,被挤掉了。这样学,就使教学目的走了样。

我深切体会到:要教好课,钻研大纲教材,了解研究学生,精心设计,驾驭课堂,调动学生学习的主动性、积极性,是一系列十分细致十分复杂的工作,环环相扣,须专心、细心,有耐心,有恒心。

用语言"粘"住学生

"胸中有书,目中有人",是我寻觅语文教学大门的第一步,我要熟悉教材,读懂教材,与作者、编者交友交心,使一篇篇课文犹如出于自己的口,自己的心。这样做,难度极大,但认准了目标,就坚持着做,努力改变文是文,我是我的状况,而是进入文中,体验,感悟,课堂上有了一点自己的话语权。

有一件事给了我新的思考。一天下午,学校请来了一位同志作报告,我和学生一起在学校礼堂里听。会议结束,我与学生走出礼堂,边走边谈。我说:"今天报告的内容比较好,谈青年学生如何求知如何成长,有自己的一些看法……"一名调皮的男孩冲着我说:"好什么啊?他讲了150多个'这个',其他我什么也没有听到。"说着,就把练习簿打开给我看,上面画满了计数的一个个"正"字。我愕然了,没有想到语病有那么大的危害,把讲述的内容也掩盖了。事后,我联想到自己的教学语言。如果自己的教学语言疙疙瘩瘩,语病丛生,学生听课就受到很大影响。调皮的学生也来个画"正"统计,课就不成为课,而是七折八扣,七零八碎的了。

我反躬自省,觉得自己教学语言毛病不少。一是啰唆,重复,不简洁;二是词汇贫乏,说来说去只是那么几句大白话,无色彩,无趣味;三是有语病。我是江南人,半路出家,语音不准;脑子转不过来时,我会下意识地说"呶",思维跟不上,下面的话找不到恰当的词,就来个"但是",

其实，根本不要转折，我就乱转折。语文教师上语文课，是带领学生学习规范的书面语言，提高语文能力；教师的语言干巴，枯燥，不规范，欠生动，对学生的语文学习岂不是会起负面作用？学习质量岂不受到影响？教师要言传身教，这方面我的身教不行，须下决心大力提高。

首先在认识上提高。教师讲课所用的语言虽属日常用语，但又不同于"大白话"，应该是加了工的口头语言，与随想随说的日常交谈有区别。要注意语言的提炼，炼字炼句。教学用语里既要有经过锤炼的活泼的口语，又要有优美严密的书面语言，有文化含量，教课时让学生置身于语言美的环境之中，受到教育与感染。

其次在要求上明确。用清楚明白的语言传授知识、启发思维是教课的基本条件；含含糊糊，闪烁其词，杂乱无章，学生就会如坠云里雾中，得益甚微。于是我要求自己教学语言一定要做到清楚明白。为此，一是积极训练自己的思路，力求清晰通顺。语言是否清楚明白，很大程度决定于思路是否清晰，是否符合逻辑。心里清楚，说出来才明白。课前我对所要讲述的问题，要进行的种种能力训练，均认真构思，在"序"上下功夫。比如先说什么，后说什么；怎样开头，怎样过渡，怎样结尾；如何先总说后分说再总说，分说从哪些方面，哪些角度，又按怎样的顺序排列；如何运用归纳的方法由具体事实概括出一般原理，又如何采用演绎法由一般原理推出特殊情况下的结论，凡此种种，均再三琢磨，训练思维的条理化。思路井然有序，讲解就条分缕析。心明，言才明；锻炼"心明"，可以促进"言明"。二是有意识地清除自己语言中的杂质。我不是中文系科班出身，普通话不纯正，有时不自觉地就混杂了方言土语。这不仅影响学生听课的清晰度，而且影响他们运用规范化语言思考的能力，影响他们语言的发展。我不断地查字典，力求把字音读准。一个字一个字还可以，连起来说，特别是说得快，走音的毛病就来了，g、k不分，n、l不分，zh、ch、sh、z、c、s不分，怎么改，也难。幼功真是了不起,从小学习,掌握了,就绝不会如此。还有,就是清除口头禅。口头禅多,一定语言芜杂,拖泥带水,犹如莨莠齐生,把该表达的思想感情淹没在莠草之中,大大降低表达效果。尽管我的口头禅不多,但要避免,清除,也十分不易。稍不留意,就会冒出来。如果教课时做到"丰而不余一言,约而不失一词",学生听起来就会愉快。

清楚明白的同时,还要做到通俗易懂。口头语言和书面语言有区别,前者作用于人的听觉,瞬息即逝,后者作用于人的视觉,读的人遇有艰深之处,可反复阅读,仔细咀嚼,思索理解。因而,口头语言较之书面语言来说,通俗易懂更为重要。教学时,教师经常用诠释性的语言,如何应用,很有讲究。是搬现成的条文,从概念到概念,从抽象到抽象,还是用通俗易懂的话深入浅出地加以表达,关键在自己对所阐释的问题能否透彻理解,融会贯通。唯其深入,才能浅出。为此,我总在透彻理解上下功夫,力求深入浅出,讲到精要处,说到点子上。当然,教学用语是否通俗易懂,还有赖于遣词造句的能力。平时注意学习,积累,丰富自己的同义词、近义词、反义词,从中选用最恰当、最鲜明、最常见、最易听懂的有关词语表达情意,深者浅之,难者易之,生僻的、容易引起误解的少用或不用。组织教学用语时,注意长句化短,繁句化简,多用短句,少用复杂复句。意思比较复杂的,用几个短句剖开来说,不搞修饰语、限制语的堆砌,拗口的、不符合中国语言习惯的外来语句式尽量少用或不用。

清楚明白、通俗易懂的基础上,还要力求做到优美生动,不枯燥干瘪。说话要节奏和谐,抑扬顿挫,高低起伏,自己都认真考虑,恰当处理。如教课要控制音量,过响会震耳,过轻听不清,以传送到课堂每个角落,每个学生能清晰地听到为宜。还应注意音质音色,频率过高,尖声刺耳,频率太低,沉闷欲睡。语言要抑扬起伏,有变化。视不同的教学目的,有时舒缓徐慢,有时高亢激奋,有时停顿间歇,有时一泻千里,创造课堂气氛,牵动学生思绪,叩击学生心弦。如果只在一个平面上移动,如果只等速度地流淌,容易对学生起催眠作用。

教学语言要做到优美生动,除了知识素养、语言技巧之外,还必须倾注充沛、真挚的感情。情动于中而言溢于表,只有对所教学科、所教对象倾注满腔热情,教学语言才能充分显示其生命力,熠熠放光彩,打动学生的心,使学生产生共鸣,受到强烈的感染。

再次,在行动上下苦功。苏联作家阿·托尔斯泰在一次讲话中曾这样说:"我们不仅能够把思想、概念,而且能够把最复杂的、色彩最细腻的图画用语言表达出来。可以这样说,在人的大脑里好像有着成千上万个,也许还是成百万个键子,一个正在说话的人,就好像是用无形的手指在大脑这个键盘上弹奏一样,而讲话人所奏出来的那支交响乐也就在知音者的头脑里回响起来。"这段话十分精要地道出了语言艺术对作家的重要。从中,我获得了深刻的启示:一名语文教师必须锤炼教学语言,研究语言艺术,使自己用语言所弹奏出来的交响乐,能在知音者——学生的头脑里回响激荡,收到良好的教学效果。

我的目标是"出口成章,下笔成文"。我是语文教师,在语言的应用方面,应该成为学生的榜样,不能说的是一套,自己行的不一样。如何规范自己的语言,清除语言中的杂质,提高语言的质量?我用了以死求活的方法,用比较规范的书面语言改造自己不规范的口头语言。当时,年纪轻,有劲儿,追求完美。我把上课的每一句话都写下来,自己修改,把不必要的字、词、句删除,把不合逻辑的地方改掉,背下来,再口语化。这样一来,啰唆、重复、语病大大减少。每天到学校,我要走20分钟路才乘到公共汽车。这20分钟里我就把上课的内容"过电影",在脑子里放一遍:怎么开头,怎么展开,怎么发展,怎么掀起高潮,怎么结尾;这个问题下去,学生怎么回答,回答不出,怎么引导,怎么铺垫……乘上车,有时继续想,乘过站的情况经常发生。这样做的结果,不仅改造语言,而且一堂堂课心中很踏实，无丝毫飘浮感。课后，再记个"教后"，简要地记下学生学习的闪光点和自己教学的缺陷、不足，乃至错误。一步一个脚印，打做一名合格教师的基础。

每学期两大本教案，红笔作修改，坚持了两年。这两年，我的口头表达能力有明显提高，教学用语文化含量加大，生动了，流畅了。功夫不负苦心人。写，也是如此，凡是学校要求写的计划、总结，包括班主任对学生的品德评语，都认真写，一丝不苟。写，能否言之有物，言之有序，关键在做得怎样，思考得怎样。深入实践，确有体会，下笔就顺畅。学校主管学生工作的教务副主任对我们青年教师要求很严格。要求每个学生的品德评语得写练习簿的一页半纸，而且要一人一个样，各有特点。要能用语言表达，关键在深入了解。家庭访问一次又一次，个别谈心一次又一次，参加集体活动仔细观察，课内课外察言观色。内容有了，下笔也就会行云流水。当时觉得很苦，现在想想，这种结合任务培养还真有效果。学生作文，自己也常偷偷"下水"，试试笔，或半"下水"，体会甜酸苦辣。这样，作文讲评时就比较生动、活泼，有血有肉。

这些都是为做个名副其实的语文教师打基础，应该说付出不少心血。可惜的是"文化大革命"一场灾难，抄家时把一本本教案撕得粉碎，说"知识越多越反动"、"坑害学生"，点火烧了，还要在灰上踏上一只脚。我很伤心，但不能流泪，也不敢流泪，只能偷偷对天表白：为了用语言吸引学生学习，"粘"住学生注意力，我确实尽心尽力了。

飞来的"机遇"

1963年秋,一天下午,杨浦区红专学院召开中学语文教研组长座谈会,讨论如何进行改革、提高语文教学质量的问题。老组长徐老师年龄大,身体不好,不能参加,让我这个副组长去顶替。

会上,争论得很厉害。有的说,教文言文就是串讲,就是背诵,没什么好改的;有的说,语文水平提高不可能立竿见影,只能慢慢来,有朝一日,豁然贯通;有的说,慢、慢、慢,不豁然贯通怎么办……七嘴八舌,意见很分歧。当时,校际的会很少,这些发言的老师我都不认识,所以就坐在一旁认真听。主持会议的人请没有发言的老师发表意见,我也在被请之列。我根据教学实践中的经验教训,大致谈了两个看法:一是课基本上是满堂灌,教师训练自己的思维和口头表达能力,显示自己对教材的理解,而学生是听众,主动性、积极性未发挥。教学是教师和学生的双边活动、多边活动,只有教的积极性,学生的学习质量提高会受影响。二是教学中有不少形式主义的做法,好看而不实用。如抄黑板上的词语解释,不过是字典搬家,指导学生查字典,根据语境选义项,对学生能力培养就有实效。又如写作文,临时出个作文题,缺乏有目的有计划地培养,缺乏深入研究,形式重于内涵。

会结束,大家站起来准备离开,一位女同志走到我的面前,操着四川腔的普通话对我说:"于漪同志,以后我来听听你的课。事先我不通知你,你无须准备,就像平时上课一样。"这位女同志个子不高,微胖,短发,眼睛大大的,看上去四十多岁,说话有点川腔,很好听。事后才知道她是上海市语文教研员。

事情过后,整天忙于工作,没放在心上。一天上课,教室门推开,发现她坐在最后一排的凳子上。她真的来听课了!起初,我有点紧张,毕竟人家是内行,但马上就定了定神,随堂听,能指导指导我,是求之不得的事。听完课,没说什么,她就走了。以后每周总要来听两三次,听完课她常去校长室,与校长谈。接着又把我教的两个班级的作文簿拿去,翻阅我怎么评改作文的。一个多月过去了,一天听完课,这位杨质彬老师找我谈话了。她肯定我工作态度认真,备课充分,作文不仅批改,而且能与学生书面交流,谈心谈得很深入。然后,她又问了我一些问题,要我思考。比如:"你讲得很清楚,是不是所有学生都能接受?都能化为他们的能力?""《包身工》一文是不是每个部分都要详细分析?可不可以有的部分详一点,有的部分略一点?教师有没有一个处理教材的问题?""《我们的文艺是为什么人的》一文的观点当然重要,但能不能举点学生熟悉的例子?老师举可以,学生举更可以,联系实际学,可能较容易入耳入心。如果同意,不妨试试看。"……课后谈话,从没有居高临下的气势,总是和颜悦色,商量的口吻,启发你思考,而不是就文论文,该怎么样怎么样,不该怎么样怎么样。我的总体感觉是:她不断启发我思考问题,引我走一条路,即改革语文教学、提高语文教学质量的路。

而后,她又请市教育局办公室主任来听课,前前后后,区里、市里的同志听课达半年之久。1964年春,上海育才中学改进教学方法、减轻学生负担的经验发表,《人民日报》发表《培养生动活泼的主动的学习空气》的社论,教师组织学习、参观,我脑子里对培养目标、教学原则、教学方法等一下子清楚了许多,特别是对课堂教学中要重视人的因素,要充分发挥学生的主动作用等认识有所提高。

在全市教学改革气氛很浓的情况下,我也被推上了开公开课的行列,向全区公开,向全市公开,我一直处于思想紧张之中。

当时,教复杂记叙文的办法还比较多,取舍详略,记叙、描写、抒情、议论多种写作方法融合与运用,力求坚持少而精的原则,抓重点,抓特点,化解难点。课不图好看、美观,而是让学生真正学到手。明确目的,学用结合,从根本上调动学生学习的主动性。

教政论文是难点。当时高中教材中政论文比较多。教的时候常有两种倾向:一是脱离语言文字的咀嚼、推敲,凭空讲思想,讲观点,好像是政治课,而不是语文课;二是琐碎、肢解,往往抓某个段落、某两个句子进行结构分析或语法分析,只见树木,不见森林,文章的全貌模糊了,学生往往不得要领。究竟如何把观点与材料有机统一起来,如何上成语文课而不是政治课,又如何充分调动学生学习的主动性,做学习的主人,须实践,须研究。在这种情况下,杨老师叫我教一篇毛主席的文章《民族的科学的大众的文化》。备课时,我仔细琢磨,以辩证唯物主义观点拎起全文,引导学生理解经济基础与上层建筑之间的辩证关系,把握一些关键词句,体会遣词造句的准确、深刻。与此同时,放手让学生讨论,发表意见,领悟文章要义。第一部分"民族的"文化,师生共同学习,讨论,理解观点,梳理材料,明确阐述的思路,"科学的""大众的"就逐步放手,学生独立分析,发表看法。课上下来,听课的老师认可了,反映比较好。于是,要求继续公开。

我自己教的班级都已教了,只能借同年级的其他班级,学校做了安排。同年级借了一个班级上,还要我再上一次公开课,学校安排了另一个年级的一个班级。借班上课,看似热闹,实际上埋下了教师之间不和睦的根。当时,我自己也有想法,一篇课文教多遍,味道都没了,那种新鲜感、创造感也随之消失。再说,教课一定要从学生的实际情况出发,自己教的班级,朝夕相处,十分熟悉,哪个学生可能提出怎样的问题,哪个学生对问题可以理解到什么程度,一般来说,自己心中是有底的。而今,借班上课,学生的名字都叫不出来,他们的思维、口头表达能力、语文知识基础如何几乎一无所知,这样的上课,多了一点表演的成分,少了一些针对性,实效性也就可想而知。更何况,每次上课,总会碰到一些意想不到的问题,如何应对,脑子非常紧张。

但这确实是飞来的"机遇"。对我这个名不见经传的青年教师而言,参加区的教研组长关于语文教改的座谈会纯属偶然,会上认识了杨质彬老师也属偶然。没有这些偶然,就不可能有机会上那么多的公开课,当然,也就更不可能有机会听到那么多语文同行和教育行政领导对语文教学发表的真知灼见。

难忘第一次向全市上公开课的情景。观摩教室六角形,可容300多人听课。清晨,我一到学校,就去看观摩教室,看一看黑板、粉笔、黑板擦是否都准备好,看一看座位排得怎么样,合不合适。没想到我一进教室,长凳上突然跳起来一位同志,他连声说:"我是崇明来的老师,我是崇明来的老师……早上听课来不及,昨晚就来了,睡在教室里……"看到这位五十多岁的老师对语文教学如此执着追求,我感动了。秋天,校园里树木多,草地多,蚊子晚间不时轰鸣,隔江乘船过来已很辛苦,晚上无处安睡,还要喂蚊子,对这位老师我很觉得内疚,这样听两节课值得吗?我向他表示歉意,并说自己很紧张,怕教不好。他一听,马上安慰起我来,鼓励我,一定能上好,并教我窍门:"上课最忌自己吓唬自己,一定要信心十足。课起始的几句话最重要,要熟练,不能慌,不能结结巴巴,这是定心丸、稳定剂。开头稳住,上下去就没有问题了。"这简直是现场指导,我从心底感谢他。两节课结束,我根据要求,简单地谈了一些体会。结束时,他快步走到我面前小声说:"我要赶回去上课,以后再说。课上得好的,心可放下来了。"那种热情,那种亲切,那种对小辈的关爱,至今历历在目,难以忘怀。那高高的个子,微黑透红的脸,略带点崇明乡音的话语常在我脑中萦绕,常给我增添勇气与力量。

上公开课,会惊动市教育局那么多位领导,这也是始料未及的。一名普通的青年教师,教一篇课文,尝试着进行改革,发挥教材的育人功能,调动学生学习的主动性,应该说是教育实践中很普通的事,教育局几位局长眼睛向下,深入教室里听课,关心和指导青年教师成长。这种对教育质量的重视,对教学改革的关怀,对第一线教师成长的关心,使我受到深刻的教育。教育,要实打实地干,要一往情深,我开始有所领悟。

课后,杨老师和市教育局办公室主任曹老师指导我写教学体会,帮助我从众多材料中拎观点,谈经验教训。我写好以后,他们反复推敲,字斟句酌,让我脑子里对问题又清楚了许多。这篇文章和课堂教学的报道一起发表在《上海教育》杂志上,可惜"文革"中遭难,又荡然无存。

现在看来,课很平常,它的深刻性、开放性、生动性远不如现在的许多课。但对我而言,确实是难得的机遇。因为有任务在身,因为有具体指导,因为有同行评价,我真正体会语文教学必须改革,改革的方向重在贯彻教育方针,让学生生动活泼地、主动地得到发展,教师要启发引导,千万不能包办代替,越俎代庖。也正因为有了这样的机遇,我这名普通的青年教师也有机会参加高层次的教学业务座谈会,比如市教育局孙兰局长召开的语文教师座谈会,讨论语文学科特点,教学改革须如何深入,这给了我难以觅到的学习机会,很多问题让我顿开茅塞,大开眼界。与此同时,我也具体感受到像孙局长这样的老革命如此平易近人,"礼贤下士",倾听第一线教师的呼声,令人感动。深入群众,深入实际,使我感到分外的温暖。

杨质彬老师和只有一面之交的崇明老师对我的真心实意,无私帮助,使我终生难忘。

灵魂洗礼

好景不长。专心致志进行教学改革实践不过两年，疾风骤雨式的"文化大革命"开始了。66届高中毕业班正忙于总复习准备参加高等学校招生考试时，突然宣布高考停止，紧接着学校正常教学秩序破坏，课没法上了，紧接着什么造反组织、战斗小组纷纷成立，紧接着打、砸、抢开始，学校教室、办公室门窗、地板到处是被砸的洞，乃至地板被烧得千疮百孔，原本秩序井然、绿树成荫的校园已面目全非。

我在劫难逃，一下子就被打入劳改队。第一个"节目"是和校长、副校长等十多人一起游街。我的任务是拿着笤帚敲畚箕，被冠以"修正主义教育路线吹鼓手"。开始，总觉得自己犯了错误，觉悟低，脑子里没有什么路线不路线，只是埋头拉车，后来，越看越不懂。

先是在劳改队散放，打扫校园，但每天还可以回家。回到家，今天来一些不认识的"学生"抄家，明天又换一批。家只有巴掌那么大，四壁萧条，除了换洗的衣服、几本书、备课笔记外，什么都没有，大骂大嚷一阵以后，失望而归，不用说金银财宝，连像样的"四旧"物品都没有。于是，我被突然关了起来，原来学生的宿舍楼里辟了间黑屋子，窗玻璃全用黑纸蒙上，把几个女教师关在里面。劳动，审讯，揭发，交代，批斗，白天黑夜轮流转。

校长是地下党员，被捕过，这当然是挨整的重点，她被关在哪里，我不知道。我第一个难过的关就是"揭发"。说我工作卖力，是她的红人，一定知道她反党反社会主义的罪行。我确实揭发不出来。来这所学校以后,她起早摸黑,重视对青年教师的严格要求,着力培养,总是叫我们热爱学生,钻研业务,把课上好,从没叫我们做坏事。至于被捕之事从没听说过,是搞人事的贴大字报才知道的。我什么也揭发不出来,除了教学工作有接触外,其他没有任何接触,她家朝南朝北我也不知道。我最恨拍马屁的,没有脊梁骨,卑躬屈膝,只可能为私利。我认为做教师,靠本事吃饭,靠觉悟工作。因为不揭发,说我立场反动,态度顽固,遭到毒打。我不开口,我深知诬陷别人的丑恶。

第二个难过的关是交代。要我交代是怎样充当修正主义教育路线吹鼓手的,怎么以知识来毒害学生的,怎么腐蚀学生,使学生对我有好感的,我做过多少坏事,一一从实招来。夜晚,有时是半夜三更,从床上被拎起来押到一间屋子里受审讯。灯昏暗,放射着昏黄清冷的光,审讯者的脸辨认不清。被审讯时我不仅没有凳子坐,而且不许站立,只能跪着,不跪,左右两旁的人就用脚踢,把我硬摁着跪下去,真有点阎罗殿的气氛。我诉说我教师的职责是教科学文化,辩解关心学生、帮助学生克服困难是我教师分内的事。然而,不容解释,打断,叱责,咒骂,咆哮,我深切感到,即使有一千张嘴也无法说。这就是"专政"。每次提审不了了之,我实在想不通。天天无偿补课,把高一时只能写二三百字短文,且错别字多、文句不通的学生,手把手地教到能写两三千字的文章,比较清楚地表达自己的意思,我何罪之有?我节衣缩食帮助学生,是出于做一名教师的责任与良心。爱人参加革命是供给制,后来是包干制,再后来才是低薪制,养老母亲,资助堂弟读大学,经济十分拮据,真是精打细算,省吃俭用。有学生患肺结核病,家庭十分困难,无钱治病,我省出钱来买特效药雷米封,让他服用,控制了病情;有学生骨折,家庭困难,无法解决,我付了医药费;有学生视力差,看不见,无钱配眼镜,影响学习,我为他配了眼镜;下乡劳动,有学生关节疼得夜不能寐,我把自己膝盖上自己手缝的护膝拿下来给她用……这样做图的什么？我从未张扬过，也从未想到要得到什么，只不过人心都是肉做的，看到这些孩子那么困难，我心里难过，故而想方设法帮助。其实，药也好，医药费也好，往往要占一个月工资的十分之一或几分之一，亏得爱人支持。总觉得人之所以为人，要做善事，尽力帮助别人，没想到落个"腐蚀学生"的罪名。有学生看不过去，把三年的作文本汇总起来，看我在作文评语中是怎样和学生交流、教育学生的，写成大字报贴出来。学生以为这样做会澄清事实，其实我更遭殃。头颈里挂大黑板，上写"反动学术权威"，罚跪，跪得倒下去。1965年我腹部开过刀，肠粘连厉害，经常腹痛不止，这么折腾，痛苦难熬。

更有甚者是侮辱。在校园里扫地，突然被抓到一个恐怖小组，先是皮带抽打，然后几个人七手八脚把我摁到凳子上，两个女学生动手乱七八糟剪头发，说是要剪成阴阳头，边剪边说："什么三八红旗手？你是黑旗手，就是要羞辱你，就是要羞辱你！"另外两位女老师也和我一样的命运。我简直想不出什么地方得罪了他们，为什么对我们这么仇恨？高一时曾教过这班级半年，都是十六七岁的孩子，可爱得很，曾几何时，就变成这个模样？眼中冒凶光，皮带怎么抽得下去？一皮带下去，腿上留下一道痕迹，血就要冒出来。边剪头发，边逗乐，边大笑，把快乐建筑在别人的痛苦之上。这着的什么魔？人性到哪儿去了？我困惑，愤怒，欲哭无泪。善良应该是人的本性，为什么要扼杀？让兽性发作？难以理解。

更没有想到的是不仅是侮辱，而且竟然逼杀。一天，在被关的楼上，来了一个斜戴军帽、手握皮带的学生，因曾经借这个班级上过课，算是有一面之交吧，他拉着我站到三楼的窗口，要我往下跳，说："侮辱你，就是要你没面子，没面子，还活着干什么？往下跳！"我不开口，他还在说，我不知从哪里来的一股劲，对他说："除非你把我推下去，我自己是不会跳的,我自问对得起学生,你把我推下去,杀人是要偿命的。"他看看我,扬了扬皮带,走了。良心还没有完全被污染,还没有泯灭。

就在这打、砸、抢横行之时,仍然可以感受到人间的温暖、师生的情谊,人毕竟是有区别的,做人的判断力、做人的准则,并不因为社会动乱而付之东流。在校园扫地时,语文组的一位老教师偷偷对我说:"于漪啊,你还年轻,你一定要顶住,一定要想得开,自重,自重,是非自有公论。"至今,这危难中鼓励我的话语声还会在耳畔盘旋。扫教学大楼,有学生把我叫到教室里,名为××战斗组找我训话,实际上是叫我坐下休息,安慰我,叫我想开,千万要注意身体。有人整夜做一位学生工作,动员他写我的大字报。当然,动员的材料是历数我的罪状,这位学生告诉他们:"我不知道,就算你们说的是真的,我感情上也扭不过来,她毕竟是我的老师啊。"知道以后,我十分感动。倒不是写不写大字报,而是人间自有真情在,人在逆境中能活下来,真情起着了不起的作用。受到乱七八糟的折磨,我又发病了,发高烧 39.6℃,造反派开恩放我回家。正好我妹妹来上海,她刚大学毕业,在整个乱了套的社会里,到哪儿工作茫茫然,看到我这副样子,抱了我痛哭流涕:"早知道我早就来救你了,我要和他们论理,哪怕是飞檐走壁,也要把你救出来。"又说:"不管怎么样,姐姐,你的孩子我一定尽力带好。"真是做梦也想不到,30多岁的人就要"托孤"。高烧一退,又被押解去学校,劳动,审讯,批斗,周而复始。

一次批斗会上,让我内心有所触动的并不是捏造的事实,上纲上线的狂言,而是一位老教师的讲话。他说:"公开教学,你借别人的班上课,你知道带给别人怎样的伤害?一个人有一个人的教法,你教得好死了,到别的班级上课,别人怎么进课堂?……"我略有所知,这个班级对教师的要求高,教学中常有不愉快的事,我作为教研组长,还去灭过火。做任何事,都要为别人着想,设身处地,非常重要。公开课,自己总是多花点时间研究,对教材熟悉理解的程度总要深一点;再说,教师教学各有个性,你去教别人的班级,学生就会有新奇感,精神振奋,积极性容易调动,当然就会给别人教学制造困难。尽管借班上课不是我的本意,是下达的任务,但伤害同事,影响别人教学,自己有不可推卸的责任。虽然借班上课很紧张,但也夹杂着自我表现的念头,表明自己语文教学不完全是门外汉。当时就下定决心,如果日后还有可能上公开课,绝不借任何班级上课。其实,借班上课对学生情况不了解,违背了教学原则,针对性比较差,更多的是表演性质,展览甚至推销授课教师的"才艺",有沽名钓誉之嫌。

胡乱折腾了两三个月,总算放回家住,每天去学校报到,劳动。境况略有好转,突然又雪上加霜,爱人以莫须有的罪名被办学习班关了起来,家里再被"抄",一本一本书翻。当时,大学宿舍很多家都未逃脱此命运,听说,来头很大。于是,儿子挨揍,比他大几岁的对他威胁,如果不把什么集邮本子交出来,就怎样怎样。于是,我又遭到传讯,灯下,一男一女,两只脚蹬在凳子上,斥责,恐吓,要我交代爱人和什么人来往。我被斗惯了,横下了一条心,告诉他们:"他是个正人君子,不说一句谎,连家里小事都如此。如果他有问题,我跟他一起坐牢。"我确实不知,能"榨"出什么呢?我"顽固",此后再也没有找我。屋漏偏遇连夜雨,那天晚上回到家,屋里的天花板由于漏雨,坍塌下来,儿子吓得躲在墙角里哭个不停,看到我,当然是"救星"来了,放声号啕。"别哭,别怕,哪怕是爸爸坐牢,我也要把你养大。"不到10岁的孩子,怕挨打,宿舍大门都不敢走,只能从宿舍矮围墙上爬进爬出,我十分心酸。怕他从矮墙上摔下来,看到总说,叫他走大门,但又有什么用呢?怎样才能消除他害怕的心理呢?

"复课闹革命"了,学校开始恢复上课,而且叫我带一个班,做班主任。没想到还有个"关"那么难渡,那就是恢复党籍。有的人抓住不放,非整死你不可。批判者慷慨激昂,说我是彻头彻尾的修正主义分子,

"中宣部阎王殿陆定一要调她去做秘书,市委文教书记全市表扬,就是因为修正主义一脉相承,学校校长大叛徒包庇,一条黑线贯到底,是头上生疮,脚底流脓的人",于是,大教室里群情激奋,要我交代。会后,我找工宣队里的党组织诉说,大哭一场。再斗,再打,再委屈,我都牙齿咬咬,顶住了;明知实情的当时学校某一领导竟如此造谣,蛊惑群众,置人于死地,我是没想到的。60年代初期,中期,学校正培养青年教师。由于教学改革的开展,有次新华社记者来校访问,找我谈语文教学改革,打算写篇报道,大约一个月左右,"文化大革命"开始了,事情作罢。这件事竟然会移花接木,接到"阎王殿"身上,而且是"调任秘书"。这个发言真是爆炸性的,具有"轰动效应"。俗话说,"不知者不为罪",不了解真实情况,说几句批几句就算了,知真实情况而肆意造假,居心何在呢?此时此刻,我才真正懂得了"血口喷人"的含义。"文化大革命"的动乱年代,真是人人登台表演,整人的,被整的,灵魂的暴露一清二楚。为了自己脱身,自己"亮相",可以栽赃,可以嫁祸于人。一件件具体的事让我不断地照镜子,洗涤自己的灵魂。人总要有人的样子,在任何情况下,要有颗善良的心,不能为自己为私利而加害别人。

拷问感情与责任

要把班级带好,不管是班主任,还是任课教师,都必须对学生满腔热情满腔爱,不是对少数,而是对所有学生。我自以为在这方面已有很大的长进。

初当教师时,对两类学生不由自主地十分喜爱。一是反应敏捷,非常聪明的,我讲上句,他下句已能回答,教起来十分省力;二是长得很可爱,像洋娃娃一样。后来才明白,天工造物十分奇妙,人都是两道眉毛、两只眼睛、一个鼻子、一张嘴,在脸上也都是那样排列的,但一个人一个样,即使是孪生兄弟姐妹,也会有点差异。每个学生有他自己的独特性,不要说是长相,他们的禀赋、性格、文化基础、兴趣爱好等均有所不同,因而,必须热爱每一个学生,每个学生的生命都值得尊重,都必须关心。在教育实践中,与学生长期相处,真切感受到他们生命的蓬勃和聪明智慧,自己的认识和感情都起了变化,懂得了教育事业是爱的事业,没有爱就没有教育。教育无选择性,只要生长在这块热土上的孩子,都要真心实意、全心全意地爱他们,培养他们。

什么叫真正懂?说在嘴上,写在纸上,不算真正的懂,要身体力行,真正做到,才是真懂了。那已是 40 多年前的事。由于我体弱多病,我的唯一的孩子从小就多病,有时一年要住多次医院,两人的工资常难以支付医药费。清晰地记得两件事。一是 5 岁的孩子突然得暴发性痢疾。下班回家,婆婆说孩子发高烧,一量 40℃,还没来得及送医院,孩子已昏迷过去。当时不知道是痢疾,因为孩子未拉肚子。婆婆急得号啕大哭,我只想到要急救,那时交通不便,送医院要有一段时间,来不及啊!我问婆婆乡下人有什么土办法救,她突然想到,看到有人用手指把孩子的肛门扒开,只要哭出来就有救了。我急得赶紧试,孩子总算哭了出来,一条命缓了过来。飞奔去医院,折腾到天亮,孩子住了进去。第二天清晨,来不及回家,就径直去学校上课。那时,责任心极强,课是一节都不能脱的,因家里私事影响学生学习,心里不安,对不起学生。

还有一件是儿子患败血症,天天高烧,嘴唇都发焦,头上用冰袋冰着。那时最好的药算是四环素、金霉素,但用了都无疗效。一天半夜,医生找我们谈话,说明病的严重性和药效的甚微,说靠孩子自身已难以扳过来,须用健康男子的鲜血帮助。我哭了,谁没有亲子之爱?恳求医生救孩子的命。那时,我正好教高三毕业班,复习十分紧张。孩子多次病危,我陪下半夜,早晨走时,孩子总哭着不让我离开,有时一扶他坐起来,就吐得我一身。说老实话,当时思想斗争很厉害,儿子这边舍不得,要照顾,学生那边是关键时刻,耽误不起。咬咬牙还是去学校上课。我不是医生,不会治病,可我是教师,关键时刻不能离岗。此时此刻,我才真正体会到师爱超越亲子之爱,它虽无血缘关系,但它寄托着祖国的期望,人民的嘱托,要像爱自己的孩子一样,一个心眼爱学生,尽心尽力培养他们成长。从此,除了自己生病住院,为家里的私事,没有脱过一节课,请过一次假,我觉得学生身上的事都是我教师心上的事,学习上、生活上、身体健康上,为他们排忧解难,不仅是我的责任,而且是我的快乐。

认识还是比较容易,要真正做到,不那么简单,有些事自己想不到,更没有做过。那时,组织上要我带69届一个乱班,大概算是对我的惩罚吧,"文革"中未叫我带乱班、乱年级。那时,刚"复课闹革命",学校的门窗、课桌椅残破不堪。叫我带的这个"4"班乱得不成样子,我是第九个班主任。进教室看到的第一个"节目"是黑板上抹着大便,教室里只有4个女学生扭着打架,拽着辫子不放,好不容易才拉开。真艰难啊!一边在整党,还在贴我的大字报,一边要我带这样的乱班。学生无罪,该学习的时候受"读书无用"、打、砸、抢的影响,逃课,旷课,乃至无法无天,我这当教师的,还是要竭尽全力帮助。于是,挨家挨户访问,一次、两次、三次、五次、八次、十次,苦口婆心做工作,和家长做朋友,和学生交心,总算把学生全部请到教室里,调皮、爱打架的学生也开始从教室门进出,不以窗(玻璃打光,只剩下大窗框)代门了。课上了不到两个月,按照什么一号号令,一个年级10个班级学生全部下乡"备战"。

我们这个班分到南汇龙桥大队好几个生产队,分6个住宿点,怎么管理?学生那么小,南汇水多,大河小河错综成网,每个住宿地都是用柴草烧饭,水啊,火啊,整天我都提心吊胆。不管是下雨、下雪,我整天都要轮流在住宿地巡察,就怕出事情。当初带62届、66届学生下乡参加秋收劳动,一下船,男学生就会掮起你的行李往住地跑,劳动时,挑、抬的重活抢着干,学生干部能力强,管理得井井有条。而今,学生不是高中生,年龄小,什么都不会,要一样一样教。要说锻炼,也真是锻炼,学会独立生活。一天清晨,霜铺大地,我和体育老师范老师在河边走,哪知河边的土是冻酥的,一脚滑到了河里,河水立刻齐胸,冷得彻骨。要不是范老师全力救助,后果不堪设想。也许是上天的旨意,每天我都是一个人巡察,偏偏那天团部范老师来,说一道去看看,真是天不亡我!真正受考验的还是那次半夜背学生到镇上求医。一天夜里,小蔡突然高烧,生产队缺医少药,又无交通工具,只得背着她上镇。我和小尹同学两人轮流背,披星戴月,顶着寒风、沿着大河,走了十多里路,眼前直冒金星,棉毛衫内衣跑得湿透,但总算把学生背到镇上,及时得到治疗。这件事让我懂得了:人不是一棵脆弱的苇草,而是有韧劲的,坚持,再坚持,咬着牙坚持,就能取得胜利。爱和责任是铸造韧劲的原动力。

我从小有洁癖，看到脏的东西就胃液翻腾，直想呕吐。多少年带班教学生，坏毛病不知不觉改掉了。学生突然生病，呕吐，我会立即把脏物打扫干净。有次在钢铁厂学工，半夜时分，一名女同学腹痛如绞，脸上直冒汗，嘴唇发紫，厂医院说要立即送市里医院，估计是急性阑尾炎要穿孔。当时通信很差，来不及通知她家长，医院又很乱，"文革"当中，护士叫我给病人通大便，什么都料理好，送手术室。我像打仗一样，心里只有救学生，什么干净、脏，早忘到九霄云外了。爱能锤炼人的感情，能促使我改掉坏毛病。

要教好学生，带好班级，就要学会勉强自己，千万不能由着自己的性子。带 75 届 1 班时，班级里好几个学生身体弱，早操升旗，站立一会儿就会昏倒；扫烈士墓，还没走到墓地就昏倒了。中学阶段是学生长身体、长知识、长觉悟的时期，身体是一个人生存、生活、学习、工作的本钱，不可小视，不可怠慢。于是，我花气力抓学生的体质锻炼。早锻炼跑步，只要坚持，训练得当，必有效果。学生组织的难度且不说，就我自身来说，也够难的了。腹部刚开刀不久，肠粘连常折磨得我疼痛不已。如果只向学生发号施令，自己不动，好多事就不可能做好，学生不会领你的情。教师的事业就是榜样的事业，要带领学生前进，自己就得做出样子。清晨六点钟早锻炼，我五点五十分就恭候在操场上，学生一圈一圈跑，我跑不动，就跑跑走走，始终和学生在一起，鼓劲，加油，调节，休整。冬天，寒风凛冽，天不亮就得起床，乘车到学校，在操场上接受刺骨的寒风洗礼，身体好无所谓，若身体不好，又要走又要跑，上气不接下气，确实不是滋味。学生两个月锻炼下来，体质明显增强了，还收获了集体观念、组织纪律性的"副产品"。如果当时不下决心勉强自己，能有这样的收获吗？人的一辈子哪有那么多舒舒服服的事，认准了的事，确实有利于学生的成长与发展，即使自己开始不适应，也要勉强自己去做。做，就是锻炼，就是适应，就是检验自己有无坚强的意志。

情感上的事来不得半点虚假,只要有一点杂质,总会不知不觉地流露。起初接75届一个班,学生不懂事,其中几个"挑衅者"精力十分旺盛,力气无处用,拳头扬威,惹惹弱小同学是常有的事。热闹的时候,男同学打,女同学打,更有甚者,男女混合"双打",我真是疲于奔命,"说破了嘴,跑断了腿",有老师给我如此写照。耐着性子一步一步抓,班级逐步稳定,是非观念加强。可有一位女同学变化不大,常惹是生非。我懂得,教师要有一副敏锐的目光,善于发现学生身上的优点。教师不可能代替学生成长,施教之功在于"长善救失",发现、发挥学生的优点、长处,帮助他们克服存在的缺点与不足。这位女同学身上优点突出,比如,学习上反应快,聪明;碰到事情敢说敢为,毫不含糊。然而,她总是不断闯祸。表扬她,她就目中无人,闹得学生中间难以安宁;批评她,不仅一跳三尺高,而且看到你教师,就用眼梢瞟你一下,以表示对你的蔑视。访问家长,父亲冲着你说:"你把她送派出所好了,我们管不了。"到居委会了解情况,想讨教有效的教育方法,工作人员说:"这是胡蜂窝,一门三杰,和邻居吵架,母女三人会立即在地上打滚。"在学校办公室里,我对我的同事说:"我是黔驴技穷,对这样的学生,如何才能以情激情,以心换心,我真是一筹莫展,太愚蠢了!"可不,开学请她缴学费,六元钱,她一状告到了报社,说我要学生缴费,是继续执行修正主义教育路线,没资格当老师。党支部书记笑着对我说:"看来你还得反省反省,不过,学费还是要缴的。"

一天早晨早操时,她不仅不认真做,还打这个一拳,踢那个一脚,像旋转的陀螺一般一刻不停。我提醒了多次,她不理睬。那时,学校有50多个班级,两个操场在做操。班级男同学都整整齐齐做,就是她不肯停下来。我忍无可忍,对她说:"你又不是'十三点'!"这句话真灵,她马上不乱动了。话一出口,我就很后悔,平时有些学生看她疯疯傻傻,叫她"十三点"(北方话的意思就是"二百五"),我一再劝说学生不可这样说,而今自己却脱口而出，出言不逊，言为心声。为什么会出言不逊？思想深处觉得这位学生麻烦。既然觉得麻烦，怎么可能全心全意体谅她，热爱她呢？自责还没来得及，学生周记上的批评就来了。一名患小儿麻痹症后遗症的女学生在周记中写道："今日早操时，你骂学生'十三点'，我们班级是没有'十三点'的，只有阶级姐妹。你骂学生'十三点'，你的阶级感情到哪里去了？你还像不像个教师，配不配做个教师？"太厉害了，上纲上线，我边读脸上边发热，"文革"挨斗，也没说我不配当老师。冷静下来扪心自问，确实有愧。感情问题来不得半点虚假，对学生丹心一片，情深似海，就不会言语不逊，伤学生的自尊。学生是有尊严的，岂能冷嘲热讽伤学生的心！师生之间要真诚相待。我没有掩饰自己的错误，主动到班级读了学生写的周记，说明自己为何会出言不逊，心里是怎么想的，并向被嘲讽的学生道歉，请她原谅。这件事我记了一辈子，教训深刻，不断叩问自己的灵魂，要努力提升思想，净化感情。

  我又接到一个任务，学校要把逃学两年的一个学生放到我带的班级。班级一片反对声，尤其是小干部。他们认为我们这个班级从乱到秩序井然，已经花了九牛二虎之力，再来这么个同学，岂不又要把水搅浑，乱成一团。这个学生确实不是一般的调皮捣蛋，而是身上沾染了很多坏习气，小偷小摸，打群架，贩卖粮票，烟瘾很大，手指头都熏黄了。好不容易找到他，他不愿来，说我们班管得太紧，受不了。几个方面做工作，先把小干部说通。如果班级经不起一点风浪，说明我们班还有问题，须继续努力；再说，我们对任何一名同学不能放弃，尤其对缺点严重的，更要满腔热情帮。再做所有学生工作，激励大家各尽其力，热情相待，让这位同学感到班级的温暖。当然，这名学生自身的工作难做的程度更是难以言表。我首先不断告诫自己：千万不能畏难，不能对他有丝毫的厌恶，坚信精诚所至，金石为开，一定要千方百计发掘他自身的积极因素，洗刷他身上沾染的污浊。

第一步要把他请到学校来。他一起床,人就无踪影。为此,我组织了 6 名学生分 3 个小组每天轮流到他家等他起床,然后陪同他到学校。先是连拖带拉,后来,犟劲逐步少了,愿意与接他上学的同学一块儿来校了。学习用品全无,书和簿本发下来就卖掉换香烟了,得一样一样给他买起来,包括笔、尺等。我第一次对他要求只有 6 个字:不打人,不骂人。但要做到谈何容易?他开口就是脏话,须一而再、再而三地提醒。和这样的学生对话,心里总是一阵阵酸楚。站没有站相,九扭十八弯,一只脚总要抖啊抖;目光恍惚,不敢正视你。坏思想坏习气的侵蚀,无孔不入地糟蹋未成年人的肌体和灵魂,经过几个月的努力,谈心,鼓励,批评,指导,上课总算能静下心来,作业也开始做,慢慢地和班级同学融合了。一天,他郑重其事地对我说:"老师,我自己来学校,不要同学来陪。人家笑我,说我上学还有'勤务兵'……"确实如此,陪伴总不是个事,得逐渐培养他自觉。我同意了他的要求,分析了他的进步,鼓励他不断加强自我管束的能力。

事物的发展常常是曲曲折折,更何况思想行为有如此偏差的学生?好景不长,他又逃学了,我急得直冲着他家里跑。他老毛病复发,他母亲一把眼泪一把鼻涕,说只要回来,她什么都依。矛盾从小事一桩挑起。吃早饭时,发现三角尺丢了,父亲就破口大骂,他回嘴:"我们于老师说的,不能骂人。"父亲听不进,火冒三丈,抽了几个耳光,这一下他拔腿就跑。这种家庭教育真没法说。为了这个孩子学好,我不知进行了多少次家庭访问,和家长交换意见,不能一会儿打骂,恨得要死,一会儿放任不管,恨不得他死掉,一会儿又对他无理的要求百依百顺,溺爱得要命。说起来是教育学生,实际上有的家长在教育子女方面如何正确引导比老师教学生难办得多。没有法子,只能四处找寻。几个同学分头出动,冒着蒙蒙细雨一条一条街搜寻,傍晚时分总算找到。当然,少不了一方逃一方追的紧张场景,最后有力气的几名男同学总算把他抓牢。怎么办？送他回家，只有两个可能性，一是再逃，一是旧毛病复燃，依然故我。带他回我家吧，他会偷，怎么办？爱人上班，小孩上学，没有人。一想到这，我立刻自责起来：对他有如此的戒心，缺少起码的信任，还谈什么教育什么爱护？真心实意要他变好，就要千方百计创造条件，让他有个好环境。于是，我带他回我家。路上，他对我说："老师为我好，我知道，但要我改，太难了，今天我就抽了许多根香烟，小兄弟给的。我这个人是枪毙坯子，改不好了，你吃力，我也吃力，算了！"他倒来做我的"工作"。我稳定他的情绪，告诉他我不会丧失信心，不怕吃力，鼓励他要树立信心，看到自己不好，就是有进步的表现，大伙儿用力气拉，你自己更要用力气。住在我家一段时候，我上班，他上学，放学跟我回家做作业，和我孩子一起玩耍，做朋友。对这样的学生进行教育，有时我简直觉得是拉锯战，一丁点儿事就会使他反反复复。但已经遭遇了，就得下功夫争夺，急于求成是全然不可能的，需要的是爱心、耐心、细心，点点滴滴，日积月累。学生对你教师一根根肠子都摸得清清楚楚，是真心实意，全心全意，还是半心半意，虚情假意？是前者，即使话语分量重一点，他们也能接受；如果是后者，那就会顶嘴，顶牛，不买账，效果适得其反。学生心中有杆秤，称你教师德才的分量，称你教师师爱的分量。蒙学生，以为学生不懂事、愚蠢，那自己就是最不明事理最愚蠢的了。

到了教77届，又是另一番景象。支部书记要我到77届担当"重任"，这个年级11个班，有几个班级的"大王"全校奔窜、捣蛋，弄得其他年级不得安宁。这11个班的班主任辛苦不堪，单维持正常的教学秩序就十分不易。天天有事，打架、闹课是家常便饭，突发事情也不少。上体育课，把体育老师（一位男老师）的鼻梁骨打断；带刀进教室威胁同学，班主任进行教育，这位学生不仅不听劝告，反而吞下万金油盒威吓老师，家长来吵翻天，这边还要立即送往医院。办公室像半个派出所，每天要处理各个班级及班级之间发生的大大小小纠纷。除了上课，我这张嘴从早说到晚,这个班的那个班的,配合班主任进行教育。"晓之以理,动之以情",说说方便,做就不那么简单,一个学生一个样,班级不同,家庭不同,性格不同,类似的道理,说的角度、方式、语言、神态等都要有所区别,真是边干边学,边学边干,不能动肝火,不能使性子。这是一种磨炼,磨炼性格,磨炼脾气,磨炼感情。有的女教师受不了,气得话说不出,甚至晕倒。我整日惴惴不安,怕出事,为此,办公桌抽屉里总放着一包葡萄糖,哪位女教师头晕,气不顺,赶紧泡杯糖水,让她定定心。今日看来很可笑,可那时买不到什么营养的东西,也只能以此表表对老师辛苦的谢意。

群策群力,一手抓纪律,稳定秩序,一手抓小干部培养,年级面貌起了变化。每周一个半天组织小干部学理论学文化,一个半天开展多种多样的课外活动,让学生的兴趣、爱好有处使。一周不多,仅半天,周周坚持,讲、读、讨论,小干部成长了,认识提高,能力增强,协助班主任管理班级,不论是学习、劳动、纪律、体育锻炼都有了办法。广泛地开展课外活动:体育类有球赛、棋赛、田径;文艺类有话剧、舞蹈、诗歌朗诵、国画、书法、篆刻、幻灯片制作;操作技能类有手工、航模、刻印等,学生有了发挥潜能的机会,精神面貌大不一样。这一届碰上了粉碎"四人帮"恢复高考的大好时机。于是,我们年级组老师又把精力投入到抓学生的文化学习之中。

说老实话,当时心里是仍有后怕的。"知识越多越反动"的思潮统治了近十年,要聚精会神抓学生学文化以备考,不能说没一点风险。每个班级里学生的文化基础、学习积极性差别极大,有的只有小学水平,爱学习的学生语文、数学、外语有一定的底子,有的文章写得洋洋洒洒,如此参差不齐的学生怎样抓备考?只剩一个多学期,怎么来得及?为了统一认识,年级组老师讨论了三天。按程度分班,给原有班级带来许多矛盾,许多问题;不分吧,程度好的学生受影响,受损害,阻碍了发展的前途。有好心的老师劝我:"'文革'中你还没有被斗够?还要抓文化?"当时我执着地想:一个文盲半文盲充斥的国家是不可能建成社会主义强国的。学生只有一个青春,不能耽误,希望他们早日成为国家的有用之才。历经折腾、历经苦难的祖国太需要她的儿女们立志刻苦学习,早日成才。老师们出于对学生的热爱与关怀,统一了看法,克服种种困难,重新分班,让学生的成长各得其所。工夫不负有心人,恢复高考后的首届考试,快班学生发奋图强,考出了好成绩,如愿以偿地考进高校学习,有的学科还考了满分。事后,我们年级组老师深有感触地说:"老师真是责任重大,有时简直影响学生的命运,影响他们一辈子的道路。"确实如此,作为一名负责任的教师,不仅要关心学生今日怎样健康成长,而且要关心他们明日的长足发展。是教师的关爱和责任,为两个快班的学生添上了学习双翅,登上了新的征程。否则,志向、才智受到压抑,失去了考高校的机会,就会和"文革"中毕业的一届一届学生一样,先要取得初中毕业文凭,再取得高中毕业文凭,才能考大学。这个耽误就大了。后来碰到当时考取高校的学生,他们都感叹自己的幸运。

　　回顾带乱班乱年级的情况有恍如隔世之感。但那确实就是"文革"时期的真实写照。学生未成年,不谙世事,不懂进取,我这做教师的无论如何要尽到责任。虽然力量极其微薄,但也要竭尽全力,在他们心中点燃做人的亮灯,在人生的道路上一步步走好。

　　粉碎"四人帮"以后,学校出现了新气象。但"拷问感情与责任"仍然是我教育生涯中一个重要的主题。教学中我碰到多种多样性格迥异的学生,如何对待,如何倾心相交,仍然是我必须面对必须认真解答的问题。别的暂且不说,就说个有趣的故事吧。

　　那是十多年前的事了。办公室里不断出现令人窒息的场景。一位年轻的班主任义愤填膺,高声数落着站在办公桌旁的一名女学生:

　　"班级够乱的了,你还添乱,把门框当单杠,拉在上面荡来荡去,引得哄堂大笑,你居然,居然……"

"你在教室门上贴'霍府',有的男同学已打闹得够厉害了,这一来,更是跌打滚爬……"

"你上课就是不好好听,乱涂乱画,自以为是,狂妄自大,你看你看,把书卷成什么样子……"

年轻的男教师讲得脸上青筋暴出,这位女学生却已在不知不觉中转着身子,背对教师,不仅充耳不闻,脸上还流露出几分鄙夷的神情。坐着批改作文的我,总要情不自禁地站起来排解,疏通,平息风波。

这个班级确实够乱的,几乎每天都有"突发"事件。如某某学生打闹,骨折了;某教师气得走出了教室,课无法上;教师自行车轮胎的气给放了,还戳两个洞……办公室里师生顶撞的事不断发生。面对这样的班级,学校不得不采取措施。于是,打乱分插,把有的学生调到别的班级。

我这个教研组长当时已不做班主任,这位女学生调到我教语文的班级。有教师告诫我:"她的调皮捣蛋独树一帜,点子多,破坏性大,谁的话都不听,男同学也远不如她。"倒是真的,我在参与平息风波时也领教过一二。"什么老师?讲都讲不清楚,还没我懂!""错了,错了,去读读书吧!"一副瞧不起老师的腔调。我不是魔术师,不可能一教,学生就变样。首先要尊重她,对她与对其他学生一样,平等相待。

果真不出所料,她调入这个班后,与大家融合不起来。有的学生认为她是"另类",避而远之;而她总是绷着脸,一声不吭,还不时用冰森森的眼光刺人,甚至带有几分敌意。下课铃一响,她就飞也似的蹿出教室。尽管如此,我觉得她身上仍有不少优点。如:上课铃响,她就走进教室,从不迟到;课上不与任何同学交谈,有相当的自控能力,与以往"胡闹"时的情况判若两人;上课时听到新奇的知识眼睛会发亮。这名学生对学习是有兴趣的,我初步判断。于是,我努力把课上得情趣横溢,在宽松的气氛中,激发大家旺盛的求知欲,增添融洽的黏合剂。

时间是孵化器,一节节生动的语文课孵化出了感情。课上,她面部的肌肉放松了。和其他同学一样,有时情不自禁地举手质疑,乃至有板有眼地回答问题。冰雪开始消融,师生情、同窗情滋生,我心中暗自喜欢。

在课堂发言中,她从不人云亦云,总有自己独特的看法;与别人辩论,从不服输,哪怕是错了。怎么进一步接近她,才能拨动她心中隐秘的琴弦,产生共振呢？操之过急不行,空讲道理不行,要从寻觅不显眼的细节入手,拉近距离。真巧,一天下课时,她一如既往飞也似的蹿出教室,我紧随其后,"叭",她揣在裤子口袋里的书掉到地上。我赶紧跑上去,捡起来,眼睛一扫,原来是一本介绍国画的书。"比男孩子还调皮捣蛋,怎么会看这类书？"我有点愕然,但立刻控制自己,没有表露。她看我捡起了书,有点紧张。我笑着对她说:"多好的书啊,把它卷成这个样子,太委屈它了。"我又说:"我家里有不少介绍画画的书,《芥子园画传》对初学国画的人很有帮助。还有些国画、油画、水彩画和连环画,如果你喜欢,休假日可来我家看,对它们发表意见。"我拍拍她的肩膀,她表情放松了,露出些微喜色,点点头,拿着书一溜烟地跑开。

她胆子够大的,一般来说,女同学看到虫子就会惊吓得叫嚷起来,躲避还来不及,她却大大小小各种各样的虫子都敢抓,抓到了有时还要肢解,研究它们的结构。久而久之,她动手的能力强了。了解了这个特点,教课时我就注意发挥她的长处,让她的精力有地方使。有一天,我们学《花儿为什么这样红》。课的起始阶段,采用直观教学方法,让学生懂得花呈现各种颜色的物质基础。我请她用试管做实验,做出花的细胞液里的酸碱反应。她很高兴,全神贯注,先后把不同颜色的花瓣揉碎,再做出各自的酸碱反应。她边演示边说明,关键处还多解释几句,俨然一位小老师的架势。同学们在不知不觉中和她拉近了距离。课后她的旁边经常会有三三两两的女同学与她说说笑笑,一下课就蹿出教室的情况已十分少见。

她原本写作能力不强,文章有内容,但表达不清,如何织锦成文尚未入门。我没有急于对她讲述写作技巧,而是等待机会,积极引导。她的好奇心远远超过同龄的女同学,对周围事物有程度不同的兴趣,一旦兴趣浓郁,就执着追求,欲罢不能。有一次,生物课上做解剖豚鼠的实验,听说她极为认真。正好我在教几篇说明文,就要求学生写一篇科学实验的短文。她写得真不错,我印发了写得比较好的几篇当堂讲评。对她的作文评析得更为细致,表扬她观察精细,理解正确、深刻;剖析文章之所以写得具体生动,关键在实验做得十分认真仔细,观察、观察、再观察,没有好奇心驱使,没有科学的态度,不可能有如此良好的效果。文章不是无情物,写的人对它有多少情多少意,它就会忠实地表现出来。与此同时,还就文章结构、语言表达作了指导,让大家懂得内容再好,也离不开语言表达,只有认真地推敲语言,积累语言,才能写出佳作。课上,她十分专心,脸都涨红了,有时还不自觉地点点头,嘴角咬着笔杆。此后,她不仅写作认真了,语言上下功夫了,其他方面马虎的情况也大有改进。

有个星期日,她果真来到我家,手里拿了把折扇。进门时还有点拘谨,纸折扇打开,也就打开了话题,无拘无束了。"扇面上的竹子是外祖父画的,字也是外祖父写的,写的是岳飞的《池州翠微亭》,外祖父说送给老师。"我向她道了谢,并询问外祖父有多大年纪,他老人家身体情况怎样。话匣子一打开,滔滔滚滚往外流。她告诉我,她外祖父年纪大了,喜爱画画,她经常给老人家磨墨、展纸,看他画竹子,画石头,画山水。"刷,刷,刷,几笔,竹子就出来了,叶是叶,竿是竿,像变魔术似的,好玩。有时,我也画,就是不像。外祖父如画一幅山水,就叫我欣赏,我看啊看,就走了进去,好在哪儿,我也说不出。我肯定说得不在点子上,外祖父常哈哈大笑……"没想到看中国画技法的谜底原来在这儿。我从画画谈到画画人的性格,谈到要学画就得静心,就得沉静。我们阅读画册,评点赏析,交谈得十分愉快,并相约下次谈论的话题是"书"。

没隔多久,她又来了,而且是有备而来。她迫不及待地诉说着她读过哪些书,中国的,外国的,文学的,科技的,连政治读物也涉猎不少。不仅阅读,而且摘抄,还写点读后感。我看了看她的阅读笔记本,称赞的语言脱口而出。一名初中学生阅读面如此广,这是我始料未及的,难怪她对教师的教学有种种挑剔,难怪她桀骜不驯,难怪她对有些事、有些问题有自己独特的看法。我赞扬她读那么多书不简单,询问她如何会养成爱读书的好习惯,她一本正经地说:"环境造成的嘛!爸爸妈妈在广西搞水电建设,终年忙碌,难得来上海一次。我寄居在外祖父家。外祖父、外祖母年纪大了,他们早早睡觉,我没有人说话,就跟书说话,说着说着,就成了伙伴。"原来如此,怪不得她的裤兜里总有一本书插着,卷着。她还用几分神秘的口气告诉我:"我不是上海人,小学里有同学欺负我,我就和他拼,我才不怕呢?谁能狠过谁?"倔强的性格确非天生的,有个形成的过程,要掸去性格上的灰尘,当然非一日之功。

这样你来我往,课内课外,我们成了忘年交。在交往中,她长大了,性情改了许多,乱闹乱顶撞的事匿迹,优点显现,同学们刮目相看。有天晚上,她陪着她的母亲来我家看我,并腼腆地对我说:"妈妈来谢谢您!"说实在的,有什么好谢呢?每个孩子都是家长的宝贝,国家的宝贝,当然也应该是我教师的宝贝。千人千样,这样有个性有潜能、资质优良的学生,教育起来同样有相当难度,没有水磨的工夫,没有爱心,就不可能拨动她的心弦,奏出悦耳的乐曲。

一个学生就是一本丰富的书,一个多彩的世界。学生是活泼泼的生命体,每个人的成长都是独一无二的。要培育他们成长、成人、成才,首先得尊重他们,从思想上、感情上尊重他们的人格,尊重他们的个性。

教师要练就敏锐的目光,善于发现每个学生身上的长处与潜力,长善救失,把隐藏的种种潜力变为发展的现实。学生世界的事无须喋喋不休,动辄下禁止令,管头管脚。要深入了解他们的知识世界、生活世界、心灵世界,在关键处引导,坚持正面教育。几十年来,我教过各种类型的学生,面对这些丰富的"书",我一本一本认真读,一点一点学习、领悟,逐步懂得师爱的真谛,也品尝到亦师亦友的无穷的乐趣。

长相忆,我那些个性迥异、充满活力的学生!

我也是学生

　　把一个个乱班、乱年级带好,不是我有多大的本领,而是边学边干,边干边学,不少学生是我的老师,不少同行是我的老师,我从他们身上学到了优秀的品质、坚强的意志和灵活有效的工作方法,我本身也是学生。

　　50年代末,记得刚做班主任时,一天清晨,学生食堂突然起火,火苗迅速穿破屋顶,我班的班长小郑发现火情,立刻从宿舍奔到事发地点,爬到屋顶,奋力救火,衣服烧坏,浑身上下湿淋淋全然不顾。整治学校臭水沟,挖河里的淤泥,团支部书记小袁和小郑等班级干部都是带头赤脚跳下去,不怕苦不怕脏。十七八岁的孩子那种纯真、纯正的品德给我深深的感动。他们没有什么豪言壮语,只要认识到自己应该做的、对大家有益的,就毫不犹豫地去完成,尽自己努力,不求任何报酬,说的和做的如此一致,如此和谐。

　　生活委员小肖生病了,发高烧,茶不思饭不想。我到宿舍看望她,她难受地对我说:"有个面包吃,就好了。"面包,在60年代初那个自然灾害与人祸时期,岂不是奢侈品?我想办法用二两粮票买了一个极普通的面包,了了小肖病中的心愿。没想到这件小事她会记一辈子。当时粮食计划供应,必须有粮票才能买到食品(米、面制品)。不知哪位同学告诉她,老师饿了一顿省出了粮票。教师对学生这点情意太有限了,没想到时隔40多年后,她还记得这件事。我患心脏病,病重,她从同学那儿知道了,从北京赶来看望我,和我说的第一件事就是这件事,而我脑中早已无影无踪。她郑重地对我说:"这件事让我懂得了什么叫'爱',我当老师,就一直想到要爱学生,不仅心里爱,行动上也要爱。"情意那么深厚,实践那么执着,我深受教育。这已是后事。其实,当时我对小肖就怀有敬意。学生全住读,她是生活委员,事情十分繁杂,吃、住、教室与寝室的卫生都安排得井井有条。她热忱地为每个同学服务,脾气很好,能忍让,能吃亏,和所有同学关系都那么亲密无间。若不是人品好,不是有委屈自己、牺牲自我的精神,不可能做到。有时工作累极了,我就会情不自禁地埋怨,与她一对照,愧疚之意油然而生,真有几分自惭形秽。

学生的好奇心、求知欲对我也是很大的冲击。一是课堂上经常打破砂锅问到底,为什么这样,为什么那样,原本是怎样的,换个说法行不行,等等,全是问题,逼得我思考、学习,备课翻三覆四,不敢有丝毫疏忽。课外读物更是丰富。新出版的小说,我还来不及翻阅,有的学生已经来和我探讨人物性格、情节安排,哪些是精彩笔墨,哪儿是败笔,一点经不起推敲。《红旗谱》《三家巷》《香飘四季》,一本一本,说得还真有点道理,逼得我非广泛涉猎不可,不仅开夜车翻阅新出版的小说,而且各类杂志都得浏览一下,否则,就无法与学生交流。语文确实难教,古今中外无所不包;学生世界又五彩斑斓,各有各的爱好,各有各的兴趣。师生关系好,学生什么问题都来和老师探讨,文学、艺术、科学、技术,具体到对某位音乐家的评论,某张油画的鉴赏,具体到兵器知识,运动技巧,真是教海无涯。要在教海中航行,非有"学"这条船不可,教海无涯学为舟啊!男同学喜欢足球,我得把足球运动员的名字一一记住,场上充当什么角色,站位如何,到什么水平,否则,就不可能和他们有共同语言,与他们知心交心。教学生,实际上也在教自己,培养自己的好奇心与求知欲。做教师真好,整天和学生打交道,追求,憧憬,幻想,似懂非懂,和他们在一起,心总是年轻的。学生对各种各样事物总是充满兴趣,充满好奇心,有时那种热情简直让你感动。《人民日报》上发表了赵朴初的《某公三哭》,我在课外讲析这首《金缕曲》的词,上百人的音乐教室里座无虚席,学生全神贯注,听得津津有味。学生要求再次讲析,于是,听讲地点挪到大礼堂,不仅位子坐满,连礼堂台前边边角角都坐满了学生,从初一年级到高三年级的,一会儿鸦雀无声,一会儿笑声迸发,我这个讲的人也受到学生热情的感染。有些学生没有听到,引以为憾,要求补偿。于是,音乐教室里再补一次课外讲座。学生听全出于兴趣,出于好奇,出于自愿,无任何考试、分数的约束。课外文学作品讲座的红火场景,至今令人怀念!

乱班之所以走上轨道,有正常的教学秩序,学生得到培养,其间,任课教师和班级小干部做了大量细致的工作。有的教师只做不说,常把几个学科爱好者吸引在自己的周围,亦师亦友,说说笑笑,这些学生又以自己的特点影响周围的同学,于是,有些课的课堂安静下来。有了样子,逐步扩大好的做法,于是正气抬头了。有些小干部真不简单,主动和调皮捣蛋的坐在一起,带着玩,带着做功课,真心帮助。小干部得到了锻炼,我也悟出了不少道理,学到了不少教育方法。教育要讲究群体效应,要带好一个班级,当然要有一名热爱学生、称职的班主任,然而,独木不成林,良好的班风要靠任课教师群体的共同努力,相互支持,才可能有建树。班主任要有胸怀,善于团结各具个性的教师,善于发挥各具特长的教师的作用,带领学生共同进步。对小干部要充分信任,发挥他们的长处,但同样要坚持教育,明辨是非,千万不能偏爱、溺爱、放纵,千万不能让他们有高人一等的想法。有一名学习、能力、遵守纪律都很出众的小干部,从小就有骄傲的毛病,乃至看不起老师,看不惯进步迅速的同学,以致影响与同学的关系,影响他自己的成长。为此,我真是没少做工作,经常谈心,抓住具体发生的事深入剖析,促使他看到自己身上这种缺点的危害。尽管严格、严肃,学生开始难以理解,但久而久之体会到,千里之堤,溃于蚁穴,对缺点尤其是较大的缺点听之任之,轻则使自己裹足不前,重则思想道德里埋下隐患。由此,我领悟到乱班绝不是只把眼睛盯在学习差、行为偏差的学生身上,而是要面向全体学生,对表现好的学生同样要给予关心、培养、教育,响鼓还要重槌敲。对学生身上的缺点是如此态度,对自己身上的毛病当然更不能容忍。人最大的敌人就是自己,以学生为镜,以同事为镜,经常对照反思,会不断警惕,改掉不少坏毛病。

　　带好年级组,更是靠教师的合作精神。我最感动的是教育学生的共同目标消除了有些教师之间的恩恩怨怨,不仅工作上谈得拢,感情上的隔阂也逐渐消除了。原本接这个年级组时,有三名老师分别找我谈,谈话内容大同小异,即:如果某某怎样,我是不会客气的。"文革"中造成的派性影响无处不在。我只能好言相劝,请求大家互谅互让。乱年级要带好,困难重重,出于对学生的负责和关爱,出于对做好工作的强烈愿望,遇到难题,遇到棘手情况,几乎每个班主任都挺身而出,出主意,想办法,不分你我,都把年级组的事当作自己的事,几年下来,彼此之间的疙疙瘩瘩熨平,成见消除。培育学生的目标是有魔力的,它能凝聚人心,消除不必要的沟沟坎坎。不仅工作上彼此支持,生活、健康、家庭,大家也都互相关心。一名男教师突发胃溃疡,吐血,急需输血,家属焦急万分,找不到血。年级组召开紧急会议,好几名教师自愿报名验血,只要血型对,就输血。其中一名教师血型对上,就被采用了。这种深情厚谊难以用语言表述。一名女教师被诊断患了肺癌,年级组教师心急如焚,去探望,去帮她安排好家务,我连儿媳妇都动员起来,每天烧好菜送到医院,解决她家里无人照顾之苦。年级组就像一个大家庭,家和万事兴,要做好工作,培养好学生,教师之间就要讲究宽容,讲究大度,讲究理解,讲究和谐,这一点我深有体会。至于我自己生病,年级组教师更是无微不至地关心,特别是年级组副组长陈老师,更是医院里里外外奔波,力求让我得到良好的治疗,早日康复。教育离不开一个"情"字,师生之间有情,有深厚的情意,工作必能有起色;同事之间有情有义,就能出方法、出智慧,形成合力,取得理想的效果。改革开放初期掀起学习英语的热潮,记得有一位名叫 Flower 的英国女教师在电视台教英语,我也常听听。她在教学任务完成离开中国时说:"你们中国有许多好的东西,应该保留下去,如人与人之间的真情。"

带着虚心求教的愿望,处处都是学习的广阔天地。越学越知不足,越学越有内驱的动力。

意外的惊喜，清醒的定位

1978年，在报纸上看到北京评出小学特级教师的喜讯，深为教师工作受到尊重与鼓励而高兴。特级教师当时是在多少万教师中挑选出来的，少而又少，故而从未与自己联系起来，没有一点儿非分之想。

一天，突然接到区里通知，说杨浦区委高书记要到学校来，接我去市府大礼堂开会，说我被评上特级教师了，要举行仪式，颁发证书。首批评特级教师，没有自己本人申报的手续，我全然无知，上面保密工作做得真好。如此大的荣誉意外地落在自己的头上，我又惊又喜，兴奋不已。

当时大礼堂里颁证的仪式隆重，热烈，至今历历在目。兴奋的同时，我不得不冷静下来思考：凭什么天上掉下这么大的馅饼给我，对我特别青睐？上海首批被评上的中学特级教师各学科总共8名，7名所在学校都是市级著名中学，唯独自己所在学校是区重点中学，和中心城区比，我们区又是第三世界，很不相称。想来想去，相当程度是机遇，有很大的偶然性。间接原因可能是"文革"前公开课上得多，有一点小影响，就是在"文革"中，我任教语文，有时也要上一点公开的研究性的课。直接原因正好是带77届年级，遇上恢复高考，取得了优秀成绩，家长满意，学生高兴。年级组老师团结奋斗，被评上市先进教育集体。还有一个原因就是直播教《海燕》的课，产生了一定的影响。事情是这样的：

1977年10月19日。

金色的秋天。

南京路上海医药商店七楼上海电视台教育演播分室第一次向全市直播中学教师向学生授语文课的实况。虽然我曾经历过几百人听课的大场面,可算是身经百战,但当时上电视镜头是极稀罕的事,与那么多观众见面,对我来说,还是破天荒第一遭,心中着实有些紧张。

　　这是一间很简陋的演播室,除了灯光装置,四壁几乎萧条,十几张课桌和三十来张椅子也十分破旧。布景是纸板制的墙壁,上面开了一扇窗,窗框上挂着五六条纸做的嫩绿色的柳丝,大概是增添几分生机与美感吧。通知我上课并负责演播现场的导演姓赵,看起来是个十分平实的人,话不多,一句是一句,没商量的余地,似乎开口之前经过深思熟虑似的。一天下午,他作为不速之客来找我,说明邀我上课的来意,并说明具体演播的时间,这一天中央台也首次开播上课实况,不能更改。我坦率地谈了自己的想法,希望能录下来再播,免得当堂出差错。他说:"那怎么成?我们没有摄像头,一个摄像头要几万元!"我哑口了。我问他用什么教材,他爽快地说:"你爱用什么教材就用什么教材,喜欢什么就教什么,随你的便。"顿时我有种获得解放的感觉,有如此大的自由度,我高兴得几乎想跳起来。谁知他突然补上一句:"明天,或者后天,我来听一听你的课,也看看学生上课的情况。"这个人可不是马大哈,心细着呢。

　　教什么呢?晚上我辗转反侧,不能入睡,"十年动乱"疾风骤雨对教育的摧残,对我这个当时还属于青年教师的栽赃与侮辱,一桩桩一幕幕又活现在眼前。"什么三八红旗手?是修正主义教育路线的黑旗手!""你为什么介绍学生读那么多杂志,那么多封、资、修的书?你为什么上那么多的公开课?这是放毒,腐蚀学生!""你为什么给某学生配眼镜?为什么给某学生护膝?为什么把面条送到学生宿舍?那是居心不良,讨好,腐蚀。"为什么,为什么,罗列了许多罪状。起初我愕然,想辩解,然而,怎么能辩呢?我刚动手术不久出院,辩,非被打个半死不可。我只得默然。谁知这又成了罪状……当时,我脑中有两点很鲜明:一是在一个文盲半文盲充斥的国家是不可能建设社会主义的,因此,教学生文化绝对没有错;二是要像海燕搏击暴风雨,乌云遮不住太阳,遮不住的,我坚信不疑。想到这里,我决心教《海燕》。

教材呢?清晨到学校图书馆去寻觅。所谓封、资、修的作品都被捆绑起来不得外借,高尔基的作品当然也逃不出同样的命运。图书馆老师非常热情,与我一起到堆书的地方——教学大楼二楼尾部一间不用的小厕所去找,翻上翻下,在一捆捆布满灰尘还来不及开禁的书堆里终于找到了它。于是,刻印,发给学生;于是,我拿着刻印的讲义,挑灯备课。

也许是心灵沟通的缘故吧,这次读教材的感觉与往日读该作品时很不一样。过去读它,与读其他名著的心情几乎差不多,怀着敬佩的心情,惊叹艺术技巧的高超。这次钻研,刻画海燕的一个个词语、一个个句子都活起来,跳动起来,海燕就是应该这样叫喊,应该这样飞翔,应该这样飞舞,用不了多少时间我就记得烂熟,因为它活在我的心中。狂风、乌云、雷声、巨浪,自然界暴风雨在大海肆虐,愈演愈烈的情况与人间骤然刮起的暴风雨的情景竟然在脑中交织起来,难解难分,我只得理智地花气力把它们分开。课要教好,文中背景须铺垫得透,须层次分明地把握住发展的态势,怎能乱糟糟的?怎能感情用事?

学生那头也没少做工作,集中在两点:一是要求他们大胆,消除紧张情绪,该读就读,该讲就讲,努力做到"旁若无人";二是认真预习,多读几遍,有什么问题做上记号课上问,有什么体会讲义上记几个字,课上充分发表。

几天时间一眨眼过去。10月19日,我和学生一起吃了午饭,乘公共汽车到南京路演播室。学生端坐在临时布置的教室里,我拿着备课夹候在教室外,等导演的指令。灯陡然亮了,满屋通明,"开始!"我心紧缩了一下,立刻镇定下来,从容地走进教室。朗读,剖析,讨论,辅之以简明扼要的板书,学生十分投入,我也得心应手,进入忘我境地。"一会儿翅膀碰着波浪,一会儿箭一般地直冲向乌云……""看吧,它飞舞着,像个精灵,——高傲的、黑色的暴风雨的精灵,——它在大笑,它又在号叫……它笑那些乌云,它因为欢乐而号叫!"师生一起把无声的文字变成有声的语言,展现一幅幅暴风雨来临前怒吼的大海上海燕搏击的惊心动魄的图像,齐读到"这个敏感的小精灵,——它从雷声的震怒里,早就听出了困乏,它深信,乌云遮不住太阳,——是的,遮不住的!"群情振奋,语调高昂,自信、豪迈、欢乐,洋溢其间,这似乎已不是高尔基笔下的诗句,而是师生发自肺腑的心声。课在朗读全文中收煞,有学生风趣地说:"我们刚从海边归来。"导演跷起大拇指对学生说:"太好了!"

我兴冲冲地返家,那种冲出暴风雨精神上获得解放的喜悦似乎渗透到每个细胞,恨不能逢人便诉说。门是我爱人开的,他是个古板正宗的读书人,对我经常公开教学,忙这忙那,很不以为意,总是泼冷水,不断降温。这次却一反常态,笑盈盈地说:"我从未看你上过课,怕你上砸了。孩子不懂事,出去看戏了,我还有点紧张呢。看你进教室笑眯眯,镇定自若,我心也定了。九英寸黑白电视虽小,但还看得清楚。你哪里是上课?你是用生命在歌唱。"这倒是一语中的。三尺讲台无限爱,我爱学生,爱未来,爱蕴含着灿烂中华文化的语文。教课不是当旁观的评论员,只有用生命编织的,从心底里流出来的歌,才动听,才感人,才会如清澈明净的泉水叮叮咚咚流入学生的心田。

随后,我收到好些封从上海、江苏、浙江等地寄来的信,这些收看电视的老师和我虽素昧平生,但信中表露的是共同的心声:冲出暴风雨,课堂里春风拂面,教育的第二个春天来到了。其实,并不是我的课上得怎么有水平,而是教材选得好,把文章中教师压抑的心情释放了出来,产生了共鸣,是时代给了我这样的好机遇。

说实在的,当时,课上得好的教师很多,有学问的老教师也很多,既然我交上了好运,就不能让荣誉蒙上灰尘,一定要让偶然性为必然性开拓道路。

特级教师在德、才、识、能诸方面有很高的要求。要成为师德表率、教学专家、育人榜样,对我来说,需要竭尽全力,努力登攀才能逐步缩短差距。我下了这样的决心:一切从零开始,边干边学,边学边干,追求卓越,努力缩短"实"与"名"的距离,向名副其实的目标奋然前行,不辜负组织的培养,不辜负学生、家长、社会的期望。

用一句话来说,30年的辛苦不寻常,夙兴夜寐,孜孜矻矻,走了一条老老实实学做特级教师的路。其中艰辛一言难尽,有些问题经常叩问我的灵魂,促使我深入思考,认真对待,并以实际行动毫不含糊地回答。

首先是压力问题。我还是我,可冠以特级教师以后,别人对我的要求一下子高了起来,一切教育行为、思想、语言都在众目睽睽之下,似乎什么都应该懂,什么都应做得十全十美,压力很大。怎么办?要么被压垮,要么变压力为动力,坚强地挺立,其他别无选择。至圣先贤的教导:三十而立,四十而不惑,自己应建立清晰的内心价值系统,把社会给予的压力变为一种生命张力,心灵勇敢,态度从容,以敞亮的胸怀、无限的热忱迎接挑战。

当时压力最大的有三个方面:一是公开课,二是总结教学经验,三是报纸杂志的索稿。评上特级教师以后,来自本区的、全市的,以及全国各地的教师络绎不绝,几乎每堂课都有人听,少则一二十人,多则数百人,前后上了近2000节的公开课。不仅让听课,还要和听课老师说课,介绍体会,教案、作文批改等全部公开,压力很大。同行及专家们的指导与鞭策,促使我刻苦钻研,面向全体学生,力求月月有进步,年年有长进。二是要求总结教学经验,出一本书。当时教学任务及社会工作极忙,腾不出手自己写,于是每周六讲述半天,由《上海教育》杂志徐金海、金正扬两位同志录音记录整理。为总结经验,他们听了许多课,开了许多座谈会。正因为他们的辛勤劳动,1981年终于由上海教育出版社出版了总结教学经验的专集——《中学语文教学探索》。每想到此,心中总怀着感激之情。三是语文报刊不断索稿,有时催稿甚急,不得不通宵达旦地干。这种逼迫,实际上也是一种培养,锻炼思维,锻炼文字的基本功。

面对种种压力,如何支撑?德国教育家第斯多惠说得好:"教育者和教师必须在他自身和在自己的使命中找到真正的教育的最强烈的刺激……把自我教育作为他终身的任务。"自己要在教育教学上做到日有长进,月有长进,年有长进,当然要着力那"最强烈的刺激",那就是坚持自我教育。

我想,人的视觉有两种功能。向外,拓展世界;向内,发现内心。内心丰富,纯正,拓展世界就能认识正确,受益甚多。为此,我用两根支柱支撑自我教育,一是勤于学习,二是勇于实践,二者的聚焦点是反思。

语文教师要有拼命汲取知识的素质与本领,犹如树木,把根须伸展到泥土中,吸取氮、磷、钾和微量元素。只有自己知识富有,言传身教,才能不断激发学生求知的欲望。

要做到知识富有是极其不容易的,有人说这是一条"光荣的荆棘路",这条路尽管像"环绕着地球的一条灿烂的光带",然而,它需要的是艰苦备尝的决心。对我而言,更是如此。工作量大,负担重,要想有整块时间学习是不可能的,为此,锲而不舍的精神尤为重要。把零星的宝贵的时间有计划地用上,天长日久也是可观的。

读书要会读,如果终日读书,学而不思,其实算不得读书,只是"对书"而已,面孔只对着书,学到的东西是有限的。冯至给茅盾的杂诗第十二首中有这么两句:"愧我半生劳倦眼,为人为己两蹉跎。"这是冯先生的谦辞,他是有成就的。然而,从这两句诗中可以得到启发,如果我们只是"对书"而不思,那就只是劳倦眼睛,收获不多。如果学而思,学一点,消化一点,即使时间零碎,日积月累,真才实学也必大有增进。我常这样要求自己:

1. 重要的理论反复学,力求正确理解,学能深入,用能浅出

理论上的模糊必然导致实践中的盲目。我深切体会到,自己在教育教学上出现的无效劳动,往往是由于理论上认识不清,理解上有偏颇。对于理论的深入浅出理解与阐述是颇不容易的。就拿历史唯物主义基本原理来说,《在马克思墓前的讲话》中已经讲得很通俗,然而,在教这一课时,要浅显地正确表达出来,使学生真正懂,就着实不容易。文中有这样的语句:"……人们首先必须吃、喝、住、穿,然后才能从事政治、科学、艺术、宗教等,所以,直接的物质的生活资料的生产,从而一个民族或一个时代的一定的经济发展阶段,便构成基础,人们的国家制度、法的观点、艺术以至宗教观念,就是从这个基础上发展起来的,因而,也必须由这个基础来解释,而不是像过去那样做得相反。"对如此长句单作语法分析是不够的,须深入而浅出。花工夫深入,力求浅显地表达,使学生能懂。后读了刘心武的长篇小说《钟鼓楼》,发现其中有一处以艺术笔调阐发历史唯物主义基本原理,很有意思。作者写道:

> 人们落生在这个世界上,最早意识到的是包围着自己的空间。这空间有着长度、宽度和高度,其中充满了各异的形态、色彩与音响……而后人们便意识到还有着一种与空间并存的东西,那便是摸不着、握不牢、拦不住的时间。在所存在的空间里度过着不断流逝的时间,这便构成了我们的生活,于是乎喜、怒、哀、乐,于是乎生、死、歌、哭……
>
> 但每一个人都不可能是单独地存在着。他必须与许许多多的人共存于一个空间之中,这便构成了社会。而在同一个社会中,人们的阶级意识不同,政治方向不同,经济利益不同,人生态度不同,道德品质不

同,文化教养不同,性格旨趣不同,生理机制不同,竞争能力不同,机遇遭际不同……于是乎便相争相斗,相激相荡,相斥相离,相轻相嫉……同时也必定伴随着相依相靠,相汇相融,相亲相慕,相尊相许……而这种人类社会的流动变化,从整体角度来说,便构成了历史;从个体角度来说,便构成了命运。

道理说得多么形象,多么生动!不是作者入得深,又如何能如此出得浅呢?

又如对教育教学理论的学习也是如此。叶圣陶先生提出"教是为了不教",开始不少人误解为"少教"乃至"不教"。但只要结合实际仔细想一想,就能体会到千万不能用"等于"代替"为了"。教师"教"是今日的任务,"不教"是明日的目标。今日的"教"要达到明日"不教"的目的——学生能自学,独立工作。自学能力的培养非一朝一夕,其中有个过程,"教"的得法,就能有效地达到"不教"的目的。

2. 紧扣一点深入学

要弄懂一点知识,必须深入学习,认真钻研。"一锹铲不出金銮殿",一定要锲而不舍地步步前进,层层深入。深入学习,其乐无穷。比如诗歌,每学期都教,围绕它读点书,可以得到许多有趣的学问。诗中有方位、色彩、数字,在诗人笔下都有妙用。

《木兰诗》中有"东市买骏马,西市买鞍鞯,南市买辔头,北市买长鞭",诗中以"东南西北"来写的屡见不鲜。《楚辞·招魂》中有"魂兮归来!东方不可以托些……魂兮归来!南方不可以止些……魂兮归来!西方之害……魂兮归来!北方不可以止些……";曹植的《游仙诗》中有"东观扶桑曜,西临弱水流,北极玄天渚,南翔陟丹丘"的诗句。同是东西南北,有的是写到处奔波购买物品准备出征的繁忙;有的写四方不可留,希望死者灵魂归故土;有的写受到猜忌,郁郁寡欢。同是方位词,表达各有其趣。这种用法,楹联中、文章中也不少。《儒林外史》中所写杨执中屋里壁上的对联是"三间东倒西歪屋,一个南腔北调人",十分有趣。至于《捕蛇者说》中刻画紧张气氛"叫嚣乎东西,隳突乎南北",方位词连用,又是一种味道。

诗中用词谈色彩,方法多种多样。如有的诗句第一字就是表颜色的。杜甫的"红入桃花嫩,青归柳叶新"(《奉酬李都督表丈早春作》),"青惜峰峦过,黄知橘柚来"(《放船》),"碧知湖外草,红见海东云"(《晴》),这类诗句一下打入眼帘的是颜色,可以收到使读者眼前突然闪亮的妙用。有些诗句把多种颜色写在一起,鲜艳,缤纷。这类诗句以七言为多,如人们熟知的"两个黄鹂鸣翠柳,一行白鹭上青天";又如苏轼的"红叶黄花秋正乱,白鱼紫蟹君须忆"(《台头寺雨中送李邦直》);再如陆游《夏日》中的"白葛乌纱称时节,黄鸡绿酒聚比邻"。真是彩色缤纷,怡悦双目。诗中的颜色当然是真色多,但也有假色。钱锺书在《读"拉奥孔"》一文中说:"诗文里的颜色字也有'虚''实'之分,用字就像用兵那样,要'虚虚实实'。"苏轼咏牡丹名句"一朵妖红翠欲流",明明说是"红",哪能又说"翠"呢?写色彩"而虚实反映,制造两个颜色错综的幻象,这似乎是文学艺术的独家本领,造型艺术办不到"说得就更精彩了。

诗里数字运用得妙,也能加深诗的意味情致。诗中数字用得较多的是"一""三""千",而"三千"连用最常见。众所周知的李白的诗句,如"飞流直下三千尺,疑是银河落九天","白发三千丈,缘愁似个长"。又如白居易的《和微之春日》一诗中"江上三千里,城中十二衢"的句子。数字运用得很妙的如张祜的《宫词》:"故国三千里,深宫二十年。一声何满子,双泪落君前。"二十字中,用到"三千""二十""一""双"等数字,不仅不觉得堆砌,而是感到宫女的哀怨是那么凄凉缠绵。

学知识如汲深泉之水,越学越能品尝到其中的甘甜。

3. 拓开视野广泛学

在某个意义上说,语文教师的知识仓库里的货物不能不"杂",但要杂而有章。这就需要广泛地阅读,有选择地阅读,并且要善于在生活中学习,有条理地储存。

广泛涉猎,稍稍深入,每有会意,兴味无穷。比如我们常碰到"阳春白雪""铁中铮铮"等成语,前者今天用来喻音乐则为高级音乐,喻文学则为高深文学,喻艺术则为高超艺术,后者用来比喻出色人物。其实,今天应用在程度上与原来有点出入。只要读一读宋玉的《对楚王问》《后汉书·刘盆子传》即可明白。但今天约定俗成,大家都这样用了,不必弄聪明纠正,但我作为语文教师,心中要有数。

读画、评画也能积累知识。英国 19 世纪著名政论家、艺术评论家罗斯金说道:"伟大民族的自传都有三种稿本,一本是以其业绩写成,一本是以其言辞写成,一本是以其艺术写成。人们欲懂得其一,非同时懂得其他两本不可;但三本中唯独后一本才是真实可信的。"的确,一个国家的艺术,很能反映这个国家、民族的生活、思想和情操。我常常喜欢把西洋画中可爱的小爱神丘比特与中国敦煌画中的飞天来比。胖胖的丘比特,背上有双翼,在天空中飞虽可爱,但总觉得一对那么小的翅膀不足以驾起胖身子翱翔。飞天就不同,画家用一条迎风飘扬的带子,就让你看到仙女们在天空中飞得多么自由自在。这里包蕴了我们民族的智慧。评画也能扩大自己的眼界。1984 年《美术》第 11 期吴冠中在一篇文章中说道:"出色的作品总印得不如原作,较次的作品印出来后往往倒比原作效果好。"为什么原作与印出来的画有如此差异呢?因为珍贵的色的变异及敏锐的手的波动感是不容易在印刷品中反映出来的,而作品中那些疙疙瘩瘩、黏黏糊糊的油彩之病,经印刷工序给抹得含糊不清后,倒起了遮丑的作用。知道了这一些后,觉得自己在教学中必须避免疙疙瘩瘩、黏黏糊糊;要是看不到这些,反把课上得花里胡哨以为美,那就是丑而不自知的了。

我很爱读小说,年轻时读入迷,往往欣然忘食。如狄更斯的小说都情节生动,引人入胜。据说《古玩店》当时连载时牵动人心,引起轰动。连载的杂志一期一期在英国出刊,以帆船运往美国。人们对故事情节越看越入迷,纽约码头上等着买杂志的人越来越多。当刊登小说最后一章的杂志运到纽约时,码头上人头攒动,竟有五六千人之多。船未靠岸,人们一眼看到甲板上的船长,就迫不及待地问那燃烧在心里的问题:"小奈尔究竟死了没有?"狄更斯的小说真正是以情节取胜。其实,引人入胜的何止是小说,其他文学样式中佳品也如此。如英国文艺复兴时期的诗人斯宾塞有过一部未完成的长诗叫《仙女王》,据说当时手稿送到文艺庇护人索斯安普顿伯爵手里,伯爵读了几页,立即命人赏赐作者20英镑,再往下读,又兴冲冲地说:"再赐20镑。"读着读着不能自已,最后竟不得不说:"快把那家伙赶出去,再念下去我非破产不可。"文学掌故虚虚实实,说多了就当真了。这一掌故妙在没说一个"好"字,但实际上把《仙女王》说得好得无以复加。

学习之乐,其乐无穷。把平时学习所得写成笔记,完成了《学海探珠录》一部书稿。《后汉书·列女传》中说:"一丝而累,以至于寸;累寸不已,遂成丈匹。"多少年来,我就是以这种累寸累匹的精神要求自己,一步一步艰辛地在教学道路上跋涉,不停步地前进。

勇于实践与勤于学习同等重要。教育事业是实践性很强的事业,只有亲身实践,才能真正触摸到育人的规律,才能有真切的体会。许多认识、不少教育观点乃至理论,拿到教育教学实践中检验,立刻能辨别真伪,区分利弊得失。实践出真知,是有相当道理的。

对我而言,实践有好几条线,而几条线之间又互融互合,互补互促,进行实实在在的锻炼。

课堂教学实践是我精力聚集的焦点。三尺讲台紧连着学生的青春,青春是无价宝,我要对得起他们。每堂课要有每堂课的收获,如果他们无所得,时间如流水般逝去,那无疑是谋害他们的青春,罪责难逃。学生在学校求知,绝大部分时间在课堂里度过。一天 7 节课、8 节课,乃至 9 节课,日复一日,月复一月,年复一年,课的质量高低,直接影响他们的成长,因此,须以高度负责的态度对待每一堂课。

熟读教材,力求对文本进行正确而深入的解读,使学生学有所得,这是我备课教课的本分;熟悉学生,了解学生,走进他们的世界,倾听他们的心声,这也是我的本分。但每堂课总有人来听,起初,我很不习惯。总感到不自在,认为教课的自由受到限制,不能"挥洒自如"了。但事实又必须接受,听课的老师都是善意,是为了热心探讨语文教学的规律,提高语文教学的质量,让学生获得理解和应用祖国语言文字的能力。想到这,我调整了心态,拿出勇气,热忱地接待老师,由衷地欢迎老师莅临指导。教课,带领学生学习,本没有不可告人的事,谈什么自由不自由,说穿了,没有人听课,和学生讲课时,随意性大一点,认真、严谨的程度不那么严格而已。听课的同行多,自己的心思更要收紧一点,不敢有丝毫的马虎与疏忽。有关心我的教师问我:"这样听课,没完没了,你害怕不害怕?你就不怕有闪失吗?""害怕也没有用。我不会主动邀请别人来听课,但已经来了,就得欢迎。有些老师连早读课都听,这种热情、这种执着,对我是教育。课不可能堂堂都教得精彩,都很周到,有闪失也是正常的。不考虑或少考虑个人的得失、短长,心就平了,气就和了,对教学业务的钻研就会放在突出位置。以听促教,就其实质而言,是对我课堂教学的监督与教学能力的培养。"想通了,习惯了,压力变成了前进的动力。

回顾与反思是我必修的功课之一。课前孜孜不倦地钻研教材,虚心学习和借鉴别人创造的有益经验十分重要,而及时并持之以恒地总结自己教学实践中的经验教训也至为重要。

课有时上得很"顺",学生全神贯注,或神采飞扬,课堂气氛和谐活跃,自己也心情舒畅;有时课上"毛"了,疙疙瘩瘩,学生或无精打采,或迷惑不解,课堂气氛呆滞,自己也惘然若有所失。为何会出现迥然不同的情况?其中必有原因,那就需要坐下来认真地静思回味,寻求答案。对语文教学的正确认识,许多是来之于语文教学实践。于是,有了"教后",课后不断地记录下教学实践的种种情况,积累资料,提炼上升到理性认识,再放到教学实践中去检验,正确的,坚持;错误的,修正,减少教学中的盲目性、片面性,增强自觉意识。

"教后"究竟记些什么呢?记"教"记"学",记教学中的"得"与"失",记学生学习中表现出来的种种情况。可以记对教材的理解与处理。根据课文特点与学生年龄特征,深文浅教,长文短教,或阅读课文改为讲读课文,或讲读课文改为阅读课文,等等。思考正确的,记下心得,如:"抓住'梨花'这个未出场的主要人物,情节的起伏曲折,景物描写的诗情画意,主题的深刻意义皆能较充分地展现。牢记:理解教材要力求抓住关键,抓住牵一发而动全身的关键。"对教材理解的疏忽失误,同样要作认真的记录。如"我不幸偶尔看了一本外国的讲儿童的书,才知道游戏是儿童最正当的行为,玩具是儿童的天使",是《风筝》一文中的重要语句,备课时我忽略了"不幸"这个词在该句子中的含义与用法,课上学生提出这个问题,我才引导他们讨论,理解。课后,我记下了这个教训:"教学是十分精细的工作,不允许有丝毫的马虎与失职,切记'不幸'的教训。"可以记对教法的选择与运用。教学方法是实现教学目的的手段,教必须遵循一定的法则,但又无定法,要因教材而异,因学生而异。上完一堂课,教完一篇课文,对所采用的教学方法作一推敲,有助于探求教学规律。教《沁园春·雪》这首词,注意启发学生开启想象,让学生初步体会到该词所表现的宏伟的气势和辽阔的意境。就在学生刚进入意境之时,我放了一张"江山如此多娇"的投影片,原想锦上添花,以画面来加深学生的理解,哪知效果适得其反,学生议论纷纷,认为一点也不宏伟。形象化的教学手段容易增强学生的耳目刺激，加强感性认识，但任何一种教学手段又有其局限性，何处该用，怎么使用，均应细加分析，倍加慎重，一厢情愿、赶时髦，必事与愿违。开阔的意境，应激励学生展开想象的翅膀尽情翱翔，用一张有边框的片子框住，不仅可笑，而且限制了学生的思维，太不应该。我懊丧地记下了自己的失误。可以记学生学习中的障碍和思想上的火花。我为谁教课？为学生。看来这是常识，然而，授课的教师常常会只见教材不见学生，只顾知识讲解，忽视学生实际接受的情况。故而，教师不仅要知教，对自己教学上走过的路要审视、剖析；而且要知学，不断了解学生的知识与能力，学习中的困难与长进，把握他们的发展与变化。教后，迅速地记几笔，可以清晰地看到他们成长的脚印，把准教授新课的起点。至于学习过程中学生闪现的思想火花，是他们主动学习、积极思维的结晶，我更是怀着喜悦的心情用心地记下。

教后作点记录不可能面面俱到，也不可能长篇大论，只是有所侧重地记有价值的材料，有话则长，无话则短，点点滴滴，日久天长，对教学中的是非得失就会逐步清楚。记"教"记"学"举一例说明。教《雨中登泰山》后记：

1. 做了多年语文教师，越来越感到识字最难。文中"喑噁叱咤"出自《史记·淮阴侯列传》："项王喑噁叱咤，千人皆废。"其读音释义盖根据《汉书·韩彭英卢吴传》："项王意乌猝嗟，千人皆废。""叱咤"今人常用，"喑噁"则已不见。"喑噁"，司马贞索隐曰："上于金反，下乌路反。"则"喑"读平声，音"阴"。《汉书》作"意乌"。晋灼曰："意乌，恚怒声也。"汇而正读，"喑"乃于禁切，音"荫"，"喑噁"则读作 yìn wù，其义则晋灼的"恚怒声"、司马贞的"怀怒气"皆是。又下文《史记》："项王……言语呕呕。"《汉书》则为："项王……言语姁姁。"后人都以"姁姁"释"呕呕"，认为以《汉书》读《史记》最为可靠。"嗯"现已不用,写作"恶"。

2. 该文是阅读课文,在前三篇《荷塘月色》《绿》《长江三峡》写景散文中学生已初步掌握记叙复杂景物须抓住景物特点、正确处理写景的立足点以及边写景边抒情、情景交融等有关知识,教该文时放手让学生朗读,口述、剖析,效果较好。学生读懂文中的画面,用明白生动的语言讲出画面,进行再创造,口头表达能力、想象能力均得到了锻炼。

3. 学生口述时,注意始终抓住两个"趣":"雨趣"和"苦趣"。点拨时让学生理解:全文用了十二个"雨"字,作者处处着笔一个"雨"字,创造了"人朝上走,水朝下流"的诗一般的意境。下笔点雨,"淅淅沥沥",收笔点雨,"有雨趣而无淋漓之苦",前注后顾,创造了雨中登泰山的特定环境。明写三幅水景,暗写花草松石,无不显示"雨趣"。而登十八盘,更是把"雨趣"升华到"苦趣",抒发顽强进取、以苦为乐的情怀。

4. 有的学生在口述时只是客观地介绍景物,对文中寓情于景、景中抒情的特点缺乏具体的感受。对此,进行评论,及时指导,使学生懂得"一切景语皆情语",文章记雨中景,抒雨中情。结合景物的介绍,有的可倾吐对祖国壮丽山河的赞美,有的可表露对悠久历史文化的神往,有的可抒发自己积极奋发、百折不回的精神,力求取得情真意笃的效果。

教学工作犹如永不休止地登陟高山群峰,写"教后"则好似清代诗人郭麐描写其登山的一句诗:"一登一陟一回顾。""一登一陟",站得高,眼前境界就开阔起来;"一回顾",看到自己艰辛走过来的路就分外亲切,信心倍增,抖擞精神攀登更高的山峰。这里需要的是:对事业的责任心,孜孜以求的进取精神和持之以恒的毅力。

带教青年语文教师也是我教学实践的重要内容。一花独放不是春,万紫千红春满园。特级教师应是有行动能力、有人格魅力的人,既有理想主义的天空,又有现实主义的土地,心中燃烧着热爱教育事业、热爱学生的圣火,这种炽热要辐射,带动周围的同志,带动队伍共同前进。

从事这种实践,当时有两种思想障碍。一是自己所知有限,怎么去带教别人,培养别人？虽没有胆战心惊,但确实忐忑不安;二是工作本已很忙,来不及做,书来不及读,哪来那么多的精力？然而,交给我的任务是必须完成的,只能硬着头皮,在干中学,学中干。

青年教师中有脱产学习一年的,不仅每堂课,各种类型的课,包括作文指导、作文讲评、复习课等都听,而且作业批改、考试命题、试卷分析都参加讨论;不仅参加集体的语文课外活动,个别指导也参加,全方位的教学实践。

有点上的传、帮、带,有面上数十人的培训。每周上午听两节课、说课,下午做语文教学系列报告。如:

识质与雕塑
——谈教学中的目中有人
在学生心田撒播做人的良种
——谈语文教学中的文道关系
兴趣是学习的推动力
——谈激发学习语文的兴趣
做学生脑力劳动的指导员
——谈语言和思维的训练
引导学生打开认识的窗户
——谈语文教学中的观察训练
启发学生神思飞越
——谈想象力与创造意识的培养
抓住记忆的支撑点
——谈发展记忆力

说清楚与写生动

——谈表达能力的训练

课堂教学节奏与容量

——谈提高课堂教学效率

课外渠道的开辟

——谈语文课外活动和兴趣小组

在口耳上下功夫

——谈"听""说"能力的训练

须有阐发教材的基本功

——谈对教材的探幽发微

对教材进行再创造

——谈写作思路与教学思路

用语言"粘"住学生

——谈语文教师的教学语言

教师的智力生活

——谈语文教师的知识结构与职业敏感

……

每一次讲座都要认真做准备,既要有教学实例,又要提升到理论上认识。与其说对青年教师讲课,不如说是自己总结,反思,学习,提升。付出的是时间与精力,获得的是了解信息,增长见识,提高认识水平。有句话说得非常好:送人玫瑰,手有余香。我送青年教师的离香气袭人的玫瑰差得很远,但自己在实践中确实有所提高。当自己付出的劳动对同行有些微作用时,觉得有天地之气凝聚在心中,心灵得到安慰,深感无穷的快乐和幸福。

至于对学校教研组的青年教师,更是全方位全天候地服务。只要是为了学生的进步、成长,我就觉得忙得应该,忙得其所。我坚信:一名优秀教师,虽无煌煌业绩,但她用心血浇灌,就能恩泽许多学生,乃至使他们受益终身。

定位在学做特级教师这一基点上,内驱的动力大了,无处不是学习的天地。

身上要有时代的年轮

作为一名教师,应该具有相当程度的职业敏感,要跟随着时代奋力前进。

人类社会已经跨越了19世纪的蒸汽机动力时代,又跨越了20世纪初期中期的内燃机动力时代,20世纪末,科学技术已经发展到一个全新时代,电子计算机的运用进入了越来越多的领域,信息技术以空前的规模与速度应用于生产,社会生产的各个领域面貌一新。时代对教育提出新的要求新的挑战,教师要学会认识时代的特征,关心国内外大事,善于接受来自各方面,尤其是教育、科学、技术方面的新信息,使自己思考问题、从事教学实践具有时代气息。

一、对培养目标的认识

教育说到底就是培养人,培养怎样的人是个大问题,校长要认真研究,学科教师同样须认真研究。

放眼看世界,发达国家的信息社会,也就是知识经济社会,是以知识的生产、交换、分配、使用和消费为特点的一种新的经济类型的社会。这种社会最重要的生产力不是原来工业社会的石油、机器,知识经济社会最重要的生产力是知识,理论形态的知识,怎么能够转化成现实的生产力呢?这就需要教育,需要人的培养与发展,要求教育为人的发展提供四个支柱。一是学会学习,就是具有理解力、分析力、知识系统化的能力、创新能力等。对中小学基础教育来讲,怎样让学生学会学习,学会求知,非常重要,因为任何一名好的教师不可能在课堂上把学生日后所需要的知识本领全部教给他们,教师教会他们学会学习,学会求知,教会他们怎么阅读,怎么分析,怎么辨别,他们就可以一辈子受用。二是学会做事,学会做事就要学会独立思考,有首创精神,不人云亦云。三是学会共同参与。现在不是那个小生产的时代,许多创造发明、许多科学研究,都是跨学科乃至跨行业的成果,因而,要从小培养学生的参与精神,合作精神,要有视野,要有胸怀。四是学会生存,学会发展。一个不会发展的人,生存的条件越来越窄。学生个人的潜能是怎样的,个性是怎样的,要开发,要教育培养。我们教育的很大问题是一个模式,一刀切,而人不是一个模式的,人有个性、特点。众所周知,钱锺书是学贯中西的大学者,用现在高考一刀切的办法,是考不取大学的,他参加大学选拔考试,数学才28分。可有人说,几百年才出这么一个大学者啊。显然,不能随意抹杀学生的个性。要发展学生健康的个性,发展他们的聪明才智,教育必须改革,课堂教学必须改革。

对我而言,最重要的就是要更新教育观念。我教了几十年,在课堂上站了几十年。长期以来教学中有"三多三少"困扰我的思想。第一是眼前的学生看得多,将来建设者的要求考虑得少。第二是知识看得多,能力看得不够。实际上成才的不一定是99分、100分的学生,而是综合能力很强、思维敏捷的学生。第三就是分数看得多,实际才干看得不够。学生各有特点,潜能、才华是多方面的,有时在它萌芽的时候,就不经意地把它抑制掉了,这实在是一种罪过。

长期以来,这"三多三少"困扰了我们的思想,因此,目光短浅,其结果是重术轻人,只看到学科知识、训练的技能技巧,而没有清醒地看到完整的要培养的人。21世纪我国要在世界上立于不败之地,实现中华民族的伟大复兴,有关的因素很多,但最最重要的是人,谁的国民素质高,专业人才多,卓越人才多,谁就能立于不败之地。人力资源的打拼关系到科技发展的水平、经济和社会发展的水平。以学生为本,以促进学生的发展为本,牢牢树立"目中有人"的观念,应是指导一切教育教学工作的指针。从80年代开始,我就破除脑子里的"三多三少",在学科领域不断提出自己的看法。

1978年在上海教育出版社召开的语文教学座谈会上,许多语文教师出于对"文革"期间"四人帮"摧残教育罪行的义愤,认为中学语文要提高质量再也不能讲思想政治教育了,语文课就是讲授语言文字,不谈教育;有的认为所谓教育,应是水到渠成,不必有意识去做。在这个大型座谈会上,上述看法几乎是一边倒。我反复思考,觉得在语文学科中进行做人的教育与"四人帮"的所谓政治思想教育完全是质的不同,须严格区别,不能混为一谈。我们对语文学科中进行育人的教育,正是一种拨乱反正,如果不从根本上认清问题,就会在培养目标上有失误。任何教学都离不开教育性,关键在进行什么教育,是否有目的有意识。于是,我发表了自己的意见,并写了《既教文,又教人》一文,刊发在《语文学习》杂志上。后来,全国中学语文教学研究会在北戴河召开的会议上,我作了长篇发言,摆事实,讲道理,重申自己的观点。当时,许多前辈、同行认为我的看法切中时弊,非常认同。

70年代末80年代初,语文教学领域出现一个思潮叫三年过关,意思是学生学习语文初中三年就争取过关。当时有些地方有些学校实验得火热。有的在初中阶段加大语文教学力度,有的把高中六册课文全部塞到初中,就算"过关"。我是极不赞成的。当时我尚无教初中的经验,长期教高中,深感有的学生高中毕业时语文能力、语文素养不理想,怎能说"过关"?再说,初中学生和高中学生完全是两码事。初中学生是孩子,是少年,他们对事物的认识、对问题的理解、生活的经历、思维的深度广度,跟十七八岁的高中生距离很大。学语文不只是读几本教科书的问题,和一个人的认识水平、阅读积累、生活阅历等紧密关联,急于求成、拔苗助长,效果适得其反。于是在福州召开的第二届全国中语会上展开了一场大辩论,参加会议的有近千名大学教授与中学教师。我直言不讳地说:学语文,初中三年是过不了关的,这个"关",我不知道是山海关,还是嘉峪关。初中要加强语文教学,让学生打好功底,这没有错,高中放弃,后患无穷。母语教学影响人的一辈子,高中不继续打功底,没有一定的文化底气,不能文从字顺,一辈子工作中都会受累。会后,很多老师围着我,赞同我的意见,认为不管采取怎样的措施,都要对学生负责。看来只是学科的局部,实际上仍然是育人大目标的问题。

没想到20世纪末21世纪初又会碰到类似的状况。上海"二期课改"酝酿阶段,又有人提出初中语文三年过关,高中语文只要开拓展性课程就行。尽管我当时心脏病发作严重,经常住医院,但仍按捺不住激动的情绪。80年代初谈三年过关时,有的学校校长已公开扬言,高中不排语文课,只要排数学、外语、物理、化学等就行。无独有偶,今日有的校长在全校教工大会上直言:"语文有什么用?还加什么课时?加给外语、数学,学生考学校可能上几十分,加给语文,说不定还落两分。""语文有什么用?"这些话出于高中校长之口,太可怕了。语文学科在中学基础教育中究竟占有怎样的地位,在培养学生成长、成人中究竟起怎样的作用,不得不令人深思,不得不作出正确的解答。此时的我思考问题不完全是从一名语文教师的角度来认识,更是从一名中国人的立场来考虑。

母语教育各国重视。法国推广法语的机构由总统办公室管理;普京推广俄语,对外语有所限制;美国前总统克林顿为了迎接21世纪信息社会,提高中小学生阅读能力,开展了大规模的"阅读挑战",花15亿美元,组织100万教师指导,10万大学生半工半读进行帮助。在经济全球化时代,语言斗争也十分厉害,六七千种语言中已有两千多种面临消亡。不重视母语教育的民族是愚蠢的民族,是可悲的民族。

母语教育在各国中学教育中的地位从课程中所占课时比重就可见一斑。美国占22%,英国占20%,法国占23.1%,俄国占27%,日本占18.5%。我国香港占22.2%,我国台湾占26.7%。相比较而言,全国略高于上海,上海仅占10.7%。母语是民族文化的根,它蕴含着民族情结,传承着民族精神,对学生成长、文化素养、人格完善起极为重要的作用,因而,语文教学的地位必须争,它不仅是语言文字技能技巧的问题,而且是培育中华文化根的育人大问题。由于应试教育,"育分"远远大于"育人"的弊病,高中语文课程如只作为拓展来处理,不少学校就会使语文名存实亡。人成长的规律是不可抗拒的,违背规律,必然在多少年后受到惩罚,无数教训,包括"文革"中摧残教育、摧残人才,形成人才的断裂层等历历在眼前。事实上,时至今日,没有哪个省、哪个市、哪所学校学生初中语文三年过关。为了对学生负责,对国家负责,高中语文课程必须定位为基础性课程。我之所以敢直言,因为深深体会到青少年时期德智体的基础如果打得不扎实、不牢固,一辈子立身处世就会摇摇晃晃,没有准星,对个人发展,对社会进步,都会产生或大或小的不良影响。

我强调母语学习在中学基础教育中的地位,无丝毫贬低外语学习重要性的意思。中国要走向世界,世界也在走向中国,我们当然要学外语,而且要学好外语。但任何事情都应该放在恰当的位置上,首先要认清民族语言是民族文化的根,从情感、精神到思维方式和我们血脉相通,承载着数千年的优秀传统文化的精粹,承载着至圣先贤的卓越智慧,忽视它,乃至随意丢失,这是缺少文化自信的表现,弄得不好,就会导致青年学生数典忘祖。再说,汉语本身是非常优秀的语言,汉字是双脑文字,具象,灵动,要教育学生热爱祖国的语言文字,像爱护眼睛爱护身体一样。从小有了这份感情,就会增强国家意识,增强文化认同,也会增强作为公民的责任感。

在现代社会从事教育,须逐步树立现代教育观念。现代教育观念是建立在对现代社会认识的基础上的;如果不认识现代社会,就不可能对培养目标有清醒的认识。我在教课的时候有八个字:"教在今天,想到明天。"教育事业是未来的事业,是为未来培养人的,因此要以对明日建设者的要求来指导和确定今日的教育教学。实际上对这个问题的认识世界各国都很清醒。日本就提出要培养21世纪世界通用的日本人。他们的口号是"世界通用的日本人"。美国为了培养21世纪的美国人,投入了大量的资金,90年代初期开始就进行了长达数年的调查研究,研究21世纪美国就业的人员需要怎样的本领,同时对美国教育的现状进行了调研。最后美国劳工部对21世纪美国就业者提出必须具备五大能力、三大基础——能力基础、思维基础、素质基础。能力基础就是要提高读、写、算、听、说的能力;思维基础强调判断力与创新思维;素质基础强调责任心、诚实、自律等。他山之石,可以攻玉。作为学科教师,切不可局限于学科中的技能技巧,心中须有育人的大目标。这个培养目标不是概念化的,不是口号只是耳熟能详的,而是具体的、丰富的,放在特定的历史条件和特定的社会环境下来认识的,与学科教学的目的任务紧密相连的。

二、对语文学科性质的认识

有人认为进行语文课程、教材、教法的研究无须探讨它的性质,我不同意这种看法。以往称学科建设,现在讲课程建设,如果离开对它的性质,或者说对它的本质属性的深入探讨,又如何阐发它的目标、任务、功能?教学行为受教育观念支配,群体性的教学行为往往受到某种思潮的教育观念的支配。语文教育观念是对语文教育诸问题的看法,从语文教育性质到目的任务,到教材教法,到师生作用,到质量评估,到考试方法,到课外教育等,构成体系。教育观念附着于教育者头脑中,形成心理定势，有意识地或不完全有意识地指挥教学行为。在语文教育观念体系中最为核心的是性质观，由此而引发出目的观、功能观、传承观、教材观、教法观、质量观、测试观、体制观等一系列观念。

有人认为：纵观整个现代语文教育史，语文教学实际上是在不断地在不同层次上走回头路：一段时期走到工具性一极，走不通，又退回到思想性；思想性的一极还是走不通，于是又退回到工具性。如此反复，周而复始。有一定道理，但不完全是。任何事物的发展都是曲折的，语文教学当然不可能一下子尽善尽美。对它走过的道路应本着历史的辩证的观点，不溢美，不隐恶，实事求是，对它本质属性的探讨可更实在更清醒一点，当然也可更接近真理一点。

早在20世纪60年代语文教学就有文道之争，当时自己很幼稚，说不出多少道理，总觉得各执一词，有失偏颇，二者并非完全对立，可融合起来。"文革"以后，逐步清除了"左"的思想路线对语文教学的干扰与破坏，把语文从"政文课""革命文艺课""跟着社论走"等乱七八糟的做法中解放出来，还语文学科以本来面目，明确了语文学科是中学课程建设中的"基础中的基础"，这就挽救了语文学科的生命，作为对"文革"期间语文课上成政治课的一种否定，70年代后期语文教育十分强调工具性，甚至有些纯工具论的倾向。于是，产生了继60年代的新的文道之争。不过，这场争论未掀起大波，对思想教育不能外加，应渗透于语言文字的教学之中的看法较快地得到认同。多数论者认为，任何一篇课文都是思想内容和语言形式的统一体，思想性是语文的固有属性，它蕴含在语文教材里，贯串于语文训练中。语文学科的思想性与工具性一样，都得到了认可。《九年义务教育全日制初级中学语文教学大纲（试用）》从不同角度对这二者先后加以肯定，即"语文是学习和工作的基础工具。语文学科是学习其他各门学科的基础"。在"教学目的"中提出："在教学过程中……培养健康高尚的审美情趣，培养社会主义思想品质和爱国主义精神。"我是认同这种看法的,不仅在多种场合具体阐发,而且身体力行,在教学实践中力求比较全面地比较完美地实施。

然而,有两种情况促使我深思,促使我对语文学科性质再认识。

语文学科具有工具性,我是赞同的。这得先从"语言是什么"谈起。有一个基本观点:语言的本质属性确实是工具性。所谓语言是文化的载体,载体者,就是工具的意思。这个观点马克思主义经典著作早就阐述清楚。"语言是人类最重要的交际工具"是列宁说的。(《论民族自决权》)"语言是思想的直接现实""语言和意识具有同样长久的历史;语言是一种实际的、既为别人存在并仅仅因此也为我自己存在的、现实的意识。语言也和意识一样,只是由于需要,由于和他人交往的迫切需要才产生的"是马克思和恩格斯说的。(《德意志意识形态》)我以为,语言又是具有物质基础的。意识(精神)注定要受物质的"纠缠"。物质在这里(在有关意识的关系上)表现为振动的空气、声音,简言之,就是语言。思想是通过语言表达的,因而"语言是思想的直接现实"。我多次讲过,语言是工具,然而又不是一般的工具,是一种与锄头、榔头等不一样的工具。语言和人(身体、大脑)是俱在的。语言不是独立于人而存在的一种工具,而是人类,也只有人类自身才能拥有的工具。语言这一工具是和装载的文化、思想不可分割的。也就是说,语言不能凭空存在。我们常说"语言是思维的外壳","这"外壳"其实是与"内核"不可分离的一个整体。

只有对语言的属性有了切实而准确的了解,才能谈语文教学。好比数学,离开了具体数字谈数学就失去了意义一样,离开了语言文字,怎么能谈语文学科或语文教学呢?语言文字装载着思想,因而语文学科具有思想性似乎不应有多少争论。然而,在这个问题上,我自己和自己大大地争论了一番。

80年代开始没两年,出现了"反精神污染"的来势较为迅猛的插曲,随即波及教育,波及文科教学。全国中语会第三次年会在北京召开,会上除换届选举外,少不了要谈到这个"主题"。在分组讨论会上,有的教师说到他们地区某某老师已被停止上课,四川有位老龄的语文特级教师十分紧张,害怕挨整的命运再现。这种状况促使我深入思考:一名教师上语文课重视不重视思想教育是认识问题;"精神污染"是特定情况下的政治概念,二者性质不一样,怎可混淆?我陈述了自己的观点,那位老教师一再问我:"不会再像反右那样了吧?"我一再安慰他,力求打消他的顾虑。但是,会上会下也有人抓住语文的"思想性"做文章,这迫使我对"思想性"进行推敲。我一贯主张教文育人,带领学生学习语言文字的同时,懂得做人的道理,懂得热爱祖国、报效社会的道理。然而,此时此刻,我感受到"思想性"的提法对语文教学而言有局限,"思想性"不能涵盖语文学科的丰富多彩。因为语文学科许多内容除了具有思想性,更具有道德的、情操的、审美的特征。过分强调语文教学的思想性,容易给极"左"思想有可乘之机。幸好"反精神污染"很快偃旗息鼓,但语文学科的性质我仍然努力探求,希望能寻找到较为科学较为合理的阐释。

从80年代中期以后,读了一些有关语言学、文化语言学和人文科学方面的书,磨磨脑子,活跃思维,深入思考,打开另一个视角,寻找新的天地。20世纪世界人文科学的一次最大的革新就是语言科学的突破:语言不再是单纯的载体,反之,语言是意识、思维、心灵、情感、人格的形成者。语言并非人的驯服工具,语言是人类认知世界与自己的框架,语言包括逻辑,而不受逻辑的局限。回想自己教语文,和许多语文教师一样,受20世纪初叶索绪尔结构语言学的影响较大,因为这种语言学成为结构文学理论的基础,使文论蒙上了类科学的色彩,以适应20世纪崇尚科技工业的心态。以符号系统代替古典文论以及文艺复兴以来强调神学及人文主义的西方文学艺术理论,是一次惊人的现代主义突破。我们语文教师虽不专门研究结构语言学和西方文化,但因它们历时半个多世纪的兴盛,影响之大,传播之广,我们中学语文教学从指导思想到具体做法,都可寻觅到它们或浅或深的痕迹。

打开另一个视角,看到了语言文字是文化的地质层。事实上,世界上各民族的语言都是其本民族的文化地质层,在无声地记载着这个民族的物质和精神的历史。回顾历史,放眼看世界,就可知:异族的入侵和征服,往往在军事占领之外,第一个要做的事就是摧毁被征服者的母语,代之以征服者的语言。因而,语言绝不是没有感情的符号,它蕴含着民族文化感情。语文不能只理解为语言文字、语言文学,还应理解为语言文化。割裂语言和文化的教育倾向与当今世界语言教育的发展趋向背道而驰。此时,我的脑海里升起了"人文性"的想法,它的涵盖要比"思想性"丰厚得多,也更接近语文的本质。

另一个促使我深入思考的原因是语文教育的现状。教育质量不尽如人意,学生语文能力令人焦心。为了应试,工具性的砝码越来越重。许多文质兼美的文章其文化内涵、其思想意义形同虚设,只是寻词摘句摘段,用解剖刀肢解,作为训练语言的例子,学生在知、情、意方面有多少收获要打个问号。尽管一套套肢解的练习题汇成江、汇成海,学生在题海中浮沉,不堪其苦,但学生读写的质量仍然上不去。语文教学究竟是什么?语文教学究竟干什么?纯文字技巧训练,醉心于机械操练,质量无法保证,文章失去灵魂,"文"只剩了文字的排列组合。这种情况看似教学方法问题,实质上是错误的语文教育性质观在起作用。

人类文明发展史上,任何一门学科的成长,总是与"自身到底是什么"的争论相伴随。从80年代开始,张志公先生对汉语语法学、语法学乃至语言学的状况和性质所发表的见解,预示着学科内部孕育着深刻的变革。世纪之交,语文教育的社会文化背景变化迅猛,语言环境日趋复杂,语文教育现状不理想,对教学大纲的阐释有歧义,实施中区别就更有差异,师资队伍和教育对象出现许多新情况、新问题,现代教育技术日新月异……所有这些,都在要求语文教育须对自身性质进行新的探讨。矛盾回避不了,分化,综合,再分化,再综合,赢得螺旋式的上升。

语言是表达思想进行交际的工具,是思维的物质外壳,是信息的载体。这种工具、外壳、载体,都是只有人类才拥有的符号。在符号的意义上把握语言的工具属性,才较为恰当。各民族的语言不仅是一个符号体系,而且是该民族认识世界、阐释世界的意义体系和价值体系,符号因意义而存在,离开意义,符号就不成为符号。这就是说,语言不但有自然代码的性质,而且有文化代码的性质;不但有鲜明的工具属性,而且有鲜明的人文属性。80年代后期关于中国文化语言学的理论探索与争鸣,论争双方都为如何理解汉语的人文性提供了丰富的思想资料。汉语言文字不是单纯的符号系统,它有深厚的文化历史积淀和文化心理特征。汉语和其他民族语言的工具性和人文性一样,是一个统一体的不可割裂的两个侧面。没有人文,就没有语言这个工具;舍弃人文,就无法掌握语言这个工具。

弄清楚语言的特质,语文教育是什么,具有怎样的性质,也就迎刃而解。法国学者加斯东·米亚拉雷曾指出:"学校的语言首先是占统治地位的文化的传播工具。因此,所谓母语教学的问题从来就不是一个纯技术问题……在母语教学中,社会学和政治方面的因素占举足轻重的地位。"(《世界教育史》)人们在给语文学科定位时,使用的"性"超过10个。我想"人文性"较之"思想性""情意性""科学性""文学性""社会性""政治性""民族性"等,似乎更为合适。语文学科作为一门人文应用学科,应该是工具性与人文性的统一,二者不是一增一减的问题,不可机械地割裂。

形成了这样的认识,我写了《弘扬人文 改革弊端——关于语文教育性质观的反思》《准确而完整地认识语文学科的性质》等一系列文章,表述自己的观点。那是1995年左右的事。开始,同行中有些人不理解,不赞同,特别是热衷于题海训练的老师,有的认为语文只有一个属性,就是工具。问题可以继续探讨,性质观的讨论,将来可能认识得更为准确,更为完善。然而,在今日,这样的认识——工具性与人文性的统一是语文学科(课程)的基本特征,与以往比,大大进了一步。新世纪中华人民共和国教育部制订的《普通高中语文课程标准(实验)》中表述:"语文是最重要的交际工具,是人类文化的重要组成部分。工具性与人文性的统一,是语文课程的基本特点。"读到这个凝聚了广大语文教师智慧和教学实践经验,又用先进理念指导的课程标准,我感到无比亲切。当我听到许多同行对语文教育中的人文性再无陌生感,而探究如何与工具性完美统一时,我感到仅仅十年有余,就多了那么多的知音,真是由衷的高兴。想当年,80年代末90年代初,为克服语文教学中的迷茫与缺失,寻找理论上的支撑,不仅勤奋实践,努力阅读,而且与同行探讨,特别是与无锡教育学院副院长胡治华同志探讨,信件来往,当面讨论,他给了我许多启发与帮助。那个时候思想攀登的艰苦情景至今仍然在目,更上层楼,眼界豁然开朗。

三、对课堂教学结构与功能的认识

年轻时教课,十分迷信自己的讲解,以为只要讲清楚,学生就能掌握。再说,我们这辈学生也都是老师讲出来的。现在看来,这真是标准地把学生当容器,灌、灌、灌。事实给了我许多教育,我逐步深切地体会到"教"无法代替学生"学",学生是学习语文的主人,他们的主动性积极性不充分发挥,你教师总是在打外围战,没能入学生之心。学生内因是进步、发展的根据,教师是引领、启发、点拨,使学生开窍的指导者。学生成长、成人,不可能只靠外塑,学生有学习语文的内需,有学习经验,有一定的知识、能力基础,求知本身就可促进他们建构新知识,增长新能力。教学中有三个因素,这就是学生、学习过程和学习情境,最为重要的是学生,没有学生就没有学习,也就没有教学。

这里所说的学生,不是抽象的概念,而是一个个活生生的青少年,有血有肉,各具特点。他们具有独特性,多样性。他们各自的兴趣,爱好,长处,不足,潜力,发展趋向,语文能力,学习方法,学习习惯,教师都要了然于胸。所谓目中有人,就是教师心中要有学生谱,这个谱是活泼鲜跳的,多姿多彩的,一个人一个样。理解他们,尊重他们,平等相待,带领他们在求知的海洋中遨游,使他们成为学习语文真正的主人。

基于这样的认识,在70年代末期我就改革课堂教学结构,在师生往复上下功夫,"教"作用于"学","学"又能反作用于"教",师生之间在课堂教学过程中形成直线往复的格局。然而,在实践过程中发生的种种情况,又促使我深思,促使我修正与提升自己的看法。

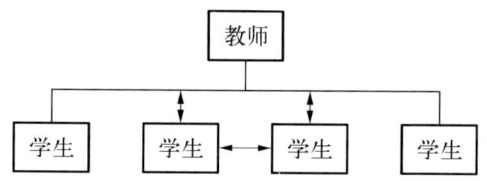

这张图说明教师的"教"作用于学生,部分学生与教师沟通、交流,还有部分学生依然充当"听"的角色,并不与教师交往。当然,沟通、交流主要靠语言,质疑、讲述、解答、评论等用语言,眼神、表情、手势等同样也可沟通交流。漠然,木然,心不在焉,半睡眠状态是最可怕的,学生未进入学习状态是教师的悲哀。至于学生和学生之间的横向交流,更是凤毛麟角。

课堂教学要面向全体学生,使每名学生学得主动,学得积极,学有收获,在原有基础上有进步有发展,一个班教出数名、十数名优秀的学生不能算是完成任务,教学质量高,应该点燃每名学生学习语文的火焰。教育无选择性,须尽心尽力使每名学生得到培养。为此,课堂教学结构须合理安排,把课堂教学的构成从单向型的直线往复转换为网络

式、辐射型的,让每名学生沉浸在浓厚的学习气氛中,学习,思考,讨论,发挥聪明才智。师生在课堂教学中的合理构成应是:

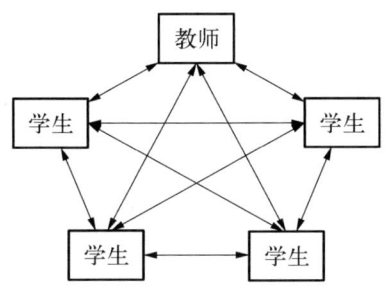

为什么这样的构成是合理的呢?(1)教学过程这个脑力劳动过程,师生共同参与,形成一个整体。(2)教师的"教"作用于全班所有的学生,学生积极性极大地调动,既向教师反馈,又与同窗交流。(3)形成了思想、知识、情感、能力交流的网络,信息量大大增加,传递的渠道通畅。(4)在特定的教学活动中,学生之间不仅可切磋琢磨,而且能充分发展个性和才能。学生学的是祖国的语言文字,学的是母语,平时接触广泛,由于学习和生活的储存,在钻研或讨论某些问题时,常会有"神来之笔"放出异彩。广泛的知识信息交流常常是触媒剂,促使学生正常发挥乃至超水平地发挥。(5)表现了"能者为师"的特点。教师和学生一起参与教学活动,既引导学生"学",又从学生的"学"中得到启发,验证课前预设的正误,考验处理生成教学资源的机智,收教学相长的效果。(6)发扬了班级教学的优点。在同一时间内教授很多学生,又可克服班级教学不重"区别"的缺陷。只要教学内容适度,教学环节安排得当,各层次的学生均可有所培养。(7)课堂气氛活跃,教学情境优化。

课堂教学结构的改革不是认识到就能做到,需要做艰苦的工作。首先,课要有吸引力,学生学有兴趣,学真正有所得,上课与不上课不一样。其次,要不断激励,不断唤醒,以点带面,不断扩大自主学习的队伍,形成师生互动、生生互动的局面。与此同时,还要做个别学生的工作,鼓励,加温,到一定程度,求知的火焰旺盛起来,课堂上会出现妙思妙言,惊动四座,把讨论的话题推向高峰。

学生是课堂学习的主人,不等于教师是旁观者,不发挥作用。放手调动学生积极性,让学生发挥聪明才智,不等于放手不教,让学生随意讨论,脚踏西瓜皮,滑到哪里算哪里。学生"相观而摩"是好的,无目的、乱弹琴,就像断了线的风筝随风飘荡。教师放弃指导作用的"放羊式"的课堂教学,我是反对的,自己教学经常以此为诫。因为这种貌似尊重学生的做法,实际上贻误了学生的学习,浪费了他们的青春,沾染上言不及义的坏风气,是对课堂教学的一种亵渎。

课堂教学功能也是80年代初期中期思考问题的重点之一。80年代初期,语文教学训练功能日益受到重视,大有甚嚣尘上的发展前景。当时在两个方面造势,一是强调传授知识是落后的,能力训练是先进的、改革的。能力是训练出来的,熟能生巧,语文就是要大运动量地进行训练。二是各种练习题应运而生。80年代中期,高考试卷出现了标准化试题后,一课一练,课课练,题海,题库,如堤坝决口排山倒海侵入语文教学阵地,加上经济利益的驱动,呼风唤雨,任何人无抵挡之力。早在1983年我就写过一篇文章《要练在点子上》,阐明语言文字是工具,不练难以深刻理解,不练不能熟练掌握,练,在语文教学中占有重要的位置。但练什么,怎么练,其中大有学问。练须有明确的目的,不能漫无边际,要讲究实效,不搞形式主义,不搞题海战术,要正确处理单项练习与综合训练的关系,分得恰当,综得合理,切实提高学生语文水平。

语文的实用功能极其重要,但不能以偏概全。语文学科是一门方面多综合性强的学科。从知识来说,有字、词、句、篇、语法、修辞、逻辑、文学等;从能力说,有读、写、听、说等。就语文本身来说,要考虑语文各类知识、语文各类能力之间的关系;就语文与其他学科的关系来说,又要注意配合、依存、渗透与促进。再者，语文教学中要结合语言文字的教学，十分注意智力的开发和思想情操的陶冶。认识这个特点，从综合性考虑出发，课就要树立"体"的观念，课堂教学要发挥多功能作用。

语文课当然要以语言文字智育为核心，但根据教材个性特点与学生成长的心理需求，应融合德育与美育。上课不应单打一，应熔知识传授、能力培养、智力发展、思想情操陶冶于一炉。这样，课的容量丰厚，效率大大提高。这样的语文课堂教学，不仅发挥训练语言文字的实用功能，而且紧扣语言文字的使用、咀嚼、推敲，发挥教育功能、审美功能、认识功能。我这样思考绝非杜撰，除了上述对语文学科基本特点的认识外，当时的语文教学大纲阐明语文学科教学目的时是这样表述的："中学语文教学必须以马克思主义为指导，教学生学好课文和必要的语文基础知识，进行严格的语文基本训练，使学生热爱祖国语言，能正确理解和运用祖国的语言文字，具有现代语文的阅读能力、写作能力和听说能力，具有阅读浅易文言文的能力。在语文教学的过程中，要开拓学生的视野，发展学生的智力，培养学生的社会主义道德情操、健康高尚的审美观和爱国主义精神。"（《全日制中学语文教学大纲》1986年）1992年《九年义务教育全日制初级中学语文教学大纲》中也作了类似的表述："在小学语文教学的基础上，指导学生正确理解和运用祖国的语言文字，使他们具有基本的阅读、写作、听话、说话的能力，养成学习语文的良好习惯。在教学过程中，开拓学生的视野，发展学生的智力，激发学生热爱祖国语文的感情，培养健康高尚的审美情趣，培养社会主义思想品质和爱国主义精神。"很显然，由于语文工具论的影响，在教学实施中，教学目的的前半句大家记住了，后半句"在教学过程中……"不了解、不重视，甚至不知道。

记得80年代中期在哈尔滨市召开中学语法教学会议，许多全国知名的语法专家参加会议，讨论研究中学语文教学究竟应教哪些语法，应形成怎样的体系。一天晚上,我应哈尔滨市教育部门的邀请作语文教学方面的报告,其中讲到课堂教学多功能的问题。报告将结束时,听讲的老师有几张纸条递上来问问题,其中有两张条子的内容都说到语文教学的功能,认为语文就是训练,问我:"你说多功能是不是对叶老(叶圣陶先生)有看法?"这扯到哪儿去了呢?任何讲指导性的话总有特定的时间、地点、背景,何况我从未反对语文的实用功能。我举语文教师熟知的《捕蛇者说》《项链》《套中人》谈认识功能,举熟知的《岳阳楼记》《过零丁洋》谈教育功能,举《登泰山记》《荷塘月色》谈审美功能。其实,这些功能的发挥与对语言文字的理解和运用融合在一起,不能机械割裂。淡化或抽去文章的内涵,语言文字的表现力、生命力又何在呢?

说到底,教学生学语文只是停留在技能技巧的层面,还是着眼于育人,全面提高学生的语文素养?在同一单位教学时间内,是只学语文技能技巧,还是在学语文技能技巧的同时,智力获得发展,思想认识获得提高,情操获得陶冶,价值取向获得指引?我坚持后者,不仅认真实施,力求做到课立体化,多功能,让学生在语文课中获得智育、德育、美育的培养,提高课的整体质量,而且也在多种场合宣传,让语文课既有扎实的语文功力,又有闪光的育人风采。

20世纪末,由于时代的需要,建设人才培养的需要,开展了基础教育的课程改革。《全日制义务教育语文课程标准(实验稿)》阐明课程的基本理念时首先指出要全面提高学生的语文素养,指出"九年义务教育阶段的语文课程,必须面向全体学生,使学生获得基本的语文素养。语文课程应培育学生热爱祖国语文的思想感情,指导学生正确地理解和运用祖国语文,丰富语言的积累,培养语感,发展思维,使他们具有适应实际需要的识字写字能力、阅读能力、写作能力、口语交际能力。语文课程还应重视提高学生的品德修养和审美情趣,使他们逐步形成良好的个性和健全的人格,促进德、智、体、美的和谐发展"。在"正确把握语文教育的特点"中首先指出"语文课程丰富的人文内涵对学生精神领域的影响是深广的,学生对语文材料的反应又往往是多元的,应该重视语文的熏陶感染作用,注意教学内容的价值取向,同时也应尊重学生在学习过程中的独特体验"。在"教学建议"的"重视情感、态度、价值观的正确导向"中指出:"培养学生高尚的道德情操和健康的审美情趣,形成正确的价值观和积极的人生态度,是语文教学的重要内容,不能把它们当作外在的附加任务。应该注重熏陶感染,潜移默化,把这些内容贯穿于日常的教学过程之中。"读到这些文字,心中有说不出的兴奋,总觉得是旧友重逢,志同道合,十分知己。这些文字对语文学科肩负的育人重任表述得非常到位,把我原来从70年代末80年代初以来语文教学思想与实践不仅梳理、归整了一下,更重要的是让我的认识又获得了提高。为此,我作了不少报告,谈自己的学习所得,宣传新的课程改革的理念。

我对语文课堂教学功能的认识与实践自始至终牢牢把握住一点:语文课就是语文课。脱离文本,脱离语言文字,花里胡哨,就走了样,就背离了课程标准的基本精神。目前课改实施中出现这样那样的毛病往往在于对语文课程的本质属性缺乏深入的探讨,对课程标准缺乏整体的把握,在于跟风追风,求得轰动效应。其实,教学最需要也最紧要的就是老老实实,一步一个脚印,绝不是一天到晚花样翻新,耍杂耍。不管怎么教,最重要的就是让学生真正受益,课堂学习时间不虚度。

教师身上要有时代的年轮不只表现在上述三个问题的认识与实践,而是全方位的,渗透到语文学科教学的方方面面,如语言训练的同时必须大力发展学生思维的能力,如语文教学、语文研究切不可忽视中华民族文化背景,如课堂教学的节奏与容量,如语文教学与民族精神教育、生命教育等。立足于时代的高度、战略的高度、育人的高度,语文教学可研究与须研究的问题很多,教师与时俱进,才能准确而有效地把握语文教学的脉搏。

多彩活动催我长

20世纪70年代末,教育事业经过十年摧残,迎来了复苏的春天。语文教育生机勃勃,欣欣向荣。许多语文方面有识有志之士,都精神振奋,干劲十足,开展多种多样的语文活动,有学术性的,有展示型的,有高端的,有普及的,有地方的,有全国的,目的都在拨乱反正,讨论研究中学语文教学,促进语文教学质量的提高。从70年代末开始,我有幸参加了不少语文方面的学术会议和语文多种类型的活动,开阔了视野,增长了见识,结识了不少师友,如果归结到一句话,那就是多彩活动催我长。

80年代初,在武汉成立中国语言学会。上海语文学会派5人参加,会长罗竹风同志带队,队员有复旦大学胡裕树、李振麟两位教授,学会秘书长,还有中学教师的我。这个会议真是全国语法大师云集,学术流派纷呈,哪有中学语文教师的份?现在想来,全是前辈罗老对后辈的提携。他很尊重中小学教师,多次对我说,一个人从小打不好扎实的基础,将来怎么能干出一番事业?他告诉我他当年当中学教师的情境,并跷起大拇指说:"我是认真的,很认真的。"眼睛看着我,我明白他老人家的意思:要懂得自己所从事的工作的意义与价值,要尽心尽力。

会开幕了,一位位语法大专家步入会场,我目不转睛地看着他们,其中有些是我心仪已久的学者,如王力教授,读他的《古代汉语》我常会激动不已。会议使我大开眼界,不少专家对自己构建的语法体系说起来如数家珍,爱护备至,那种投入,那种沉浸,那种执着,那种神往,令人肃然起敬。有两个细节至今历历在目。一是关于初中暂拟语法体系的问题。一天晚上,会议室的几张桌子上放置了好多本语法著作,其中也有一本汉语教材。大家翻看了一些书,有先生开腔了:"暂拟,暂拟,一暂就一二十年,这叫什么'暂'?难道还一直'暂'下去?"听了我有点吃惊,心里嘀咕:"十年动乱",还教什么语法,语文课能把课文教下去就很不错了。谁知这是个热门话题,一下子大家说开了,这个说某些说法不科学,那个说哪些哪些地方前后矛盾,而评是说非的标准是以自己构建的或自己崇信的语法为依据,最后聚集到中学语文中语法教学体系须大改或重建。这样的学术讨论使我大开眼界,语法体系争论的沸腾情况令我意识到哪家语法进入中学语文教材,似乎就可以定为一尊。使用教材教课时从未想到这么深奥的问题。张志公先生受委托负责暂拟语法构建,会上不仅跑过来走过去忙碌,而且洗耳恭听大家的意见,特别是对吕叔湘先生,更是恭敬顺从。

二是讨论学会人选。哪些人是会长、副会长,又是一番争论。争来争去还是学术流派之争,大有道不同不相为谋的味道。有些看法相持不下,语言锋利难以统一。罗竹风先生拍案而起,大声地说:"争什么?又不是争做部长?学会研究学术,要包容,学会多几个头有什么关系?"说真的,我吓了一跳。没想到竟然安静了下来,意气少了,火气小了,讨论也随之顺当了。

暂拟语法体系非改不可了,于是1981年7月在哈尔滨召开了全国语法和语法教学讨论会,研究中学教学语法的问题,语法界许多大专家也莅临了会议。此次会议在松花江畔的宾馆召开。出席会议的除学者、专家外,中学教师多了几名,人民教育出版社中语室负责会议的组织工作。第一天报到就发生了不愉快的事,宾馆门卫不开大门,拒绝面包车入内,说不是首长,不是首长命令,一律不准开大门,必须下车自己走,可面包车上坐的是七老八十的老专家、语法界泰斗王力老先生等,长途跋涉已十分劳累。站岗放哨的脑子里只有首长,不知"专家"为何物。几次三番打交道,才算开门放行。

我们这些乘火车远道而来的旅客错过了晚饭时间,什么食物都没有,走了好多路见到一家小店,里面坐满了人,等吃面条。我们等了两个多小时,实在着急,跑到店后厨房里一看,再饿也吃不下了。一大锅面条用冷水冲,手指黑黑的,就往锅里抓,抓到碗里拖在灶上的,再用手抓到碗里,卫生全然不顾。那时食品的匮乏,饮食卫生意识的淡薄,与今日相比,真有天壤之别。

研讨教学语法的会上,少不得又是争论一番。我是来自教学第一线的,张志公先生嘱我紧扣第一线实际情况,谈一些看法与研究。语法要学,但须简明扼要,便于学生掌握规律,与学术研究讲究系统、精细要严格区别。当时有位专家说:"'零'引进语法,是重大的突破。"我认为基础教育中语法教学有普及功能,它面向全体学生,覆盖发达地区、中部地区、西部地区,要说学生容易理解的话。有的名词术语看似先进,但普适性差,要传到小山村,无疑要经历二万五千里长征。中学课堂教学无深奥的学问,但必须用明确的语言把概念阐述清楚,含含糊糊、可这可那是不行的。专家编教材,教师用教材,如何衔接得天衣无缝,一直是教学语法实施过程中不断探讨的问题。

80年代初云南省中学语文教学研究会成立,邀我这名全国中学语文教学研究会的副会长参加。70年代末,全国中语会在上海成立,原本说要来听我的课,由于我参加上海市的人民代表大会,那天正好选举人代会常务委员会委员,我不仅未能上公开课,中语会的选举也只好缺席,我是缺席被选上的。会长是吕叔湘,副会长是张志公、苏灵扬、刘国盈、陈哲文,都是语文方面、教育方面的专家,只有我是个中学教师。难怪在武汉开全国语法会议时,吕叔湘先生从电梯里走出来碰到站在电梯门口的我,诧异地问:"你就是于漪?我还以为是个白发苍苍的老太太,没想到还这么年轻。"还年轻什么?已快半百的人。研究会秘书长陈金明来信说,云南邀我参加,是想请我谈谈如何提高中学语文教学质量的问题,不要辜负边疆教师的心愿。我欣然前往。那时交通不便,乘火车几天几夜,十分辛苦。还好是暑期,否则会耽误不少课。接待我的是一位年长的老太太,她陪我住在一所学校的大房间里,房间里支着两张床,蚊子多,挂了两顶蚊帐。晚上就寝前常长谈,由于交通不便,信息阻塞,谈的有些事真有隔世之感。和广大教师交流也好,拜访云南的教育长辈、老作家也好,我有两点极深的印象:一是"十年动乱",教育受害惨重,许多老师、作家受摧残,文化糟蹋得不像样子;二是信心十足,满怀希望,要把教育失去的时间补回来,努力提高质量,让学生真正受益。他们对教育的一片至诚,令我感动。到昆明,一定要到滇池去看一看。路不太远,两只脚走走就到了。池滨有楼名"大观楼",大观楼上的长联非常有名,能有机会目睹,欣喜非凡。上联开句是"五百里滇池,奔来眼底,披襟岸帻,喜茫茫空阔无边",就是那个味道。那时滇池水真清,有些水面芙蓉叶绿花红,阳光照射,水波荡漾,美不胜收。难怪长联中写道:"莫辜负四围香稻,万顷晴沙,九夏芙蓉,三春杨柳。"而今滇池被污染得不成样子(湖水变成"绿油漆"),令人吃惊,令人心痛。大自然对人不薄,为何如此肆无忌惮地戕害?是愚昧,是掠夺,还是什么?好山好水无罪,要长个心眼,多为后代子孙想想。

  四川也在筹备召开省的中学语文教学研究会,要我们顺道从那儿弯一下。天黑,到了成都,一路艰辛。那天,成立大会已召开,晚上几百人在食堂吃饭,灯火昏暗。我饥不择食,端了碗面,就浇了一匙黑乎乎的调料,我以为是芝麻,实际是花椒,麻得我话都说不出来,闹了个大笑话。第二天开大会,大礼堂台上放满了录音机,对外还拉了十几根线。四川老师那种第二次翻身获解放的欢乐,对中学语文教学情有独钟全身心投入的情景,常在我脑中映现,那种人气,那种追求,那种精神,是教育中极其宝贵的财富。那时,讲的人听的人不言一个钱字,真是情义为重。第一次见到这么多的录音机,把话录下来,四处传播,我有点紧张。但进入对语文教学的探讨后,不知不觉也就忘却了自己,一扫拘谨不安。会后,好些资深有学问的老师就许多教学中的具体问题展开讨论,我受益匪浅。

80年代初,山西临汾创办了第一张供学生阅读的《语文报》,学生有了学科报纸阅读,我作为语文教师,十分欣喜。学生课外有这张报纸翻翻,培养阅读兴趣,语文水平会在有意无意间提高。《语文报》社面对全国中学生开展了一系列语文方面的活动。规模大的、印象很深的有两项。一是开展读书活动,向中学生广泛推荐好书,然后评选出10本优秀读物。范围之广,发动之深,前所未有。其意义与价值不完全在于评选出哪些优秀读物,而在于积极引导学生重视阅读,爱读书,爱读好书。这项活动不收学生半点费用,全是报社支出。这种有益于学生身心健康的社会活动,出自对青少年的爱护,出自对青少年教育的责任。选出的优秀读物有王蒙的《青春万岁》、李存葆的《高山下的花环》、理由的《扬眉剑出鞘》等。在山西太原召开了中学生推荐优秀读物的颁奖大会。会上中学生群情激昂,一下子看到那么多著名作家,兴奋不已。马烽是山西省文联领导,他写的短篇小说《三年早知道》,电影文学剧本《我们村里的年轻人》,很多学生都熟悉,写的是农村的故事。那时,山西的"山药蛋派"在文学界很有影响,会上,马烽以领导、嘉宾的身份参加,学生又是一番鼓掌。会后,大家到杏花村走一遭。汾酒是名酒,酒厂四周芳香扑鼻,我这个不沾酒的人,只要站在那儿时间久,大概也会被熏醉的。刚制出来的酒浓度高达70度,要放在地窖里好长时间才会降到60度,50多度。酿酒的事过去全然不知,参观制造过程,增长了不少见识。王蒙会喝酒,喝了马上用毛笔写下"有酒就有意识流"几句诗

("意识流"是当时最前沿的新名词);酒厂厂长太厉害了,笑对访问的客人一杯一杯喝,面不改色,我才真正体会到"海量"这个词的意味。

二是《语文报》社组织了16城市中学生语文智力竞赛,在中央电视台直播。那可是件新鲜事,因为当时的智力竞赛还鲜为人知,再说电视台直播竞赛十分罕见。从命题到组织层层选拔,颇费周折,十分辛苦。参赛的学校都是省市数一数二质量上乘的中学,师生积极性均十分高涨。复赛决赛更为紧张,不仅测试知识,更测试语文应用能力。我被邀主持竞赛。虽是暑假,但手头工作很多,一再辞谢,最终盛情难却,只得应允。主持并不易,思想须高度集中。参赛队每队5位选手,每一位选手的发言都须点滴不漏准确无误地听进去,然后立刻作出是与非的判断。尤其是选手的即席发言、现场采访、现场答对,要立即判断正误,区别高下,也非易事。决赛一场要分出3个参赛队高下水平时,有老师提出异议,说我某一道题判断有误。幸好中央电视台刚从国外进口了一台转播的大机器,设备先进,可以立即回放。我自己觉得听得十分仔细,没有判断错。凭感觉不行,总得以事实为依据,于是竞赛停下来,电视回放,大家看。信息储存是公正的,确实未误断。这件事看似小事,却引发我不少思考:为人处世公平、公正第一,不能碍于情面,不能屈于压力,脊梁骨要站得直;发展先进的科学技术实在重要,如无先进的设备,连件小事都会说不清,更不要说建国的大事了。

组织这样的活动,《语文报》社用售报所得为中学生提供展示语文才能的舞台,掀起了学生热爱母语、学习母语的热潮。这样的社会教育有益于中学生健康成长。而今,搞什么活动都要讲"钱",与以往重责任、重情义相比,格调大大下降。

创业艰辛,我曾到山西临汾师院去过,报社社长陶本一穿着一双长筒套鞋,跋涉在泥泞的路上。他凭着对语文教育的执着追求和对中学生的热爱,带着一批刚毕业的大学生奋斗,使他们在办报的业务实践中成长、成熟,组织多种多样全国性的语文活动,打开视野,不断开拓业务的新领域。陶老师看起来很严肃,对年轻的编辑很严格。交往多了,我发现他心肠很软,十分重信义、重情义。他将事业发展放在首位,在这个前提下,他总是千方百计为别人着想,为年轻的同志发展着想,只要力所能及,总鼎力相助。

　　他思维活跃,点子特别多。80年代初在福州开第二届中语会时,他就与我讨论编教师备课手册的事。教师手头参考的书、读的书极少,农村教师有的甚至连一本字典都没有。那时编书出版说实话吸引人的不是稿费,稿费实在太微薄了,而是对教育的一片真心,对教师的一片真情。为了编写《中学语文备课手册》这套书,我与陶老师单就指导思想和编写体例就讨论了好多次。总的目的是帮助教师理解和把握语文教材,开拓备课思路,从而能设计出较为理想的教学方案。既要"雪中送炭",面对急需翻阅资料的中小城市及农村教师,使他们获得实实在在的帮助;又要"锦上添花",从根本上提高教师的语文素养、业务水平。手册既供教师备课参考,又提供一定的资料,给教师进修指津。且不说单元教学建议,引导教师树立单元教学整体把握的意识,也不说训练内容、教法建议、课外活动建议,单是教材研究,就分为几个层面。第一是背景简介,让教师了解每篇课文的来龙去脉,便于教学时准确把握。第二是疑难词句的举要与辨析,这部分着力把字词句基础知识敲扎实,而不是大而化之。第三是重点难点讨论。不是教材分析的大文章,而是拎出文中的重点难点,设计一些问题,启发思考与讨论,问题与问题之间有一定的逻辑性。把握这些问题,把握问题之间的内在联系,文章就一清二楚,理解也就到位。第四是启迪思维,深究问题。质量高的学校、程度好的学生在一般掌握的基础上可对课文或对课文中某些问题进行深入探究,发挥自己的聪明才智,满足自己旺盛的求知欲。问题不配标准答案,只作提示。教师用这套手册,须自己备课,自己思考,没有现成的供抄袭。抄袭,抄不出合格的教师。这种内容有相当弹性的参考书,当时是极少见的。我们组织了不少位有业务水平的教师编写、修改、润饰,有的文章写得不理想,就推倒重写,花了大量精力。尽管非常艰巨,但我们从心底里高兴,因为书一出版,就得到教学一线语文教师的认可,纷纷购买。时隔10年、20年,从未见过面的语文教师在某个会议上碰到后,还会激动地对我说:"这套书真好,当时看到如获至宝,帮了我教学的大忙,我也逐步走上语文教学的正道。"每当我听到这样的话,心里总是甜滋滋的。一套书12册,撰写人心血浇灌,给执教者小小的帮助,没有浪费他们的时间与精力,我们就心满意足了。第一线教师的评价,使用的频率就是最高的奖赏,再累也值。

由80年代备课手册的编写联想到《古今中外佳作精选》这套书的编写。80年代末,语文出版社副总编辑来沪,找我主编一套中学生课外读物。当时,中学生语文课外读物确实不多,考虑到学生多读书、读好书,广为博览与开阔视野的需要,我应允了。随即起草编写计划,明确编写体例,组织志同道合的教师选编。按照年级高低决定选编难易的程度,注意适切性。每册分上下卷,每卷分若干主题,围绕主题选择文质兼美的名文数篇。每篇有注释,有阅读的价值和意义,指导学生阅读。第一次印刷就是一万册,很受欢迎。遗憾的是我拿到书一看,印刷错误不少,甚至个别标题也张冠李戴。我十分着急,就在书上把错误之处一一标出,作了修改,再把改好的书邮寄给这套书的责任编辑李女士,可是长久无音信。再次印刷依然未改,我多次写信给出版社,有次那位副总编辑又来沪,听我的意见,向我致歉,说明出差错的原因是责任编辑突然失踪,至今音信全无。尽管情况特殊,但5本书150万字一篇篇看过,修改润饰过,竟落得个错字、漏字等许多毛病,实在不是滋味。上海书展时,看到几本书高高挂在醒目的位置,真像吃了苍蝇一样的难受。书,白纸黑字,总要对得起读者。有的事看起来细小,要真正做好,必须有责任大如天的意识。现在这类书已汗牛充栋,触目皆是,不足为奇了。

使我受教育最多的要算参加审查语文教学大纲和语文教材的工作。长期在教学第一线,视野狭窄,看问题、思考问题,往往是一孔之见。对教学大纲与各套教材,与其说审查,不如说首先是学习。每次教学大纲的修改与更换,总是以调查研究为抓手,总结教学实践中的经验与教训,明确改革的方向。这就使我对语文教学的全局有所了解,从指导思想到实施操作心中有了清晰的框架,不会犯强调一点、不顾其余的毛病。从语文教学大纲的修改到语文课程标准的制定,都可以看到时代前进的轨迹。由此我悟到对语文教学的认识,既要深入探讨并正确把握其本质属性,又要不断调整与修正对某些问题的某些认识,努力提升,与时俱进。教学中一成不变、一劳永逸的事是没有的。一纲多本的出现是令人振奋的。长期习惯于一种教材,不顾地域与学生文化程度的差异,一个标准、一刀切,已成为诸多语文教师的习惯思维,因而,开始出现多种教材时,不仅有点惊诧,而且觉得有点别扭,"自找麻烦"。我参加各套教材的审查,仔细体会编写者用心良苦的意图,深深感到探索、追寻的步履的艰难。教材的试用与推广,不仅是学术问题,更是经费投入、使用与推广的渠道、人际关系等问题,一整套"大学问"。从教材的编写、使用来看社会,才懂得原先自己就事论事的幼稚可笑。尽管审查教材时,审查委员之间就某套教材中的编写思想、编写体例、选文、练习、文字等方面有不同看法,乃至有争论,但我觉得有一点很好,那就是对各套教材都热心扶持,希望语文园地里能百花齐放,春色满园。开始审教材未进入正规程序时,个别同志认为某套教材某个体系不行,排斥在使用之外,我虽为之争辩,无济于事。而今,回过头来看,不过是一插曲而已。遗憾的是凡通过予以试验的教材,基本上大同而小异,且越来越趋同。教材个性特质好,各套之间有明显差异,是好事,不仅反映教材的繁荣,且能促进教材整体质量的提高。参加这项工作,我体会到不仅要有学术水平,而且要有人品,公平、公正,还要有大度,能够宽容。只要原则的关把好,允许多种教材试验,就能出经验,出人才。

  回首往事,屈指算算,参加的语文活动真不少。在生动的一个个场景中,感受到教学语文的快乐,也感受到教学语文沉甸甸的责任。

人民代表为人民

1979年12月29日,上海市第七届人民代表大会第二次会议选举产生了上海市人民代表大会的常设机构——常务委员会,这是完善人民代表大会制度的重要措施,也是来之不易的政治体制改革的重大成果。我这名第七届市人民代表被选为常务委员会委员和教育科学文化卫生委员会委员。

参加上海市经济和社会发展大事的讨论,大大增长了见识,开阔了视野,尤其是一些老干部、老革命对有些问题,如大的建设项目、水质保护、社会治安等,从大局出发,慷慨直言,使我极受教育。我当了5届市人民代表,3届市人大常委会委员,2届教科文卫副主任委员。25年的代表生涯,参加了众多的会议,参加了许多调研与监督工作,学到了很多书本上学不到的知识,对社会认识的广度和深度大大提升。有些在记忆中留下深刻痕迹,难以忘却。

20世纪80年代初,炎热的夏季,我和毛蓓蕾老师(当时,她也是常委会委员)受市人大常委会教科文卫委员会的委派到中小学调研儿童、青少年思想品德等状况。"十年动乱"虽结束,但社会上不良风气,包括打、砸、抢的余毒,对青少年及儿童仍有很大负面影响,因而,青少年犯罪率不断攀升,降不下来。为此,我们到一些学校调研,开师生座谈会,开家长座谈会,讨论研究如何保护青少年健康成长。一天下午,我们到了一所小学,尽管天气酷热,区教育局有关部门已安排好几所学校的小学生代表参加座谈。学生十分可爱,兴奋异常,抢着发言。显然,事先作了准备,都说学校老师怎么怎么好,学校怎么认真,学雷锋做了哪些好事。这些应该说是基本面,难道就那么十全十美,一点问题都没有吗?于是,我们就把话题扯开,谈学生喜欢的游戏,崇拜的人。"你们最佩服什么人,最崇拜什么人?"我问。一名小男孩迫不及待地站起来叫:"佐罗!""为什么崇拜他?""他是大侠,本事大,杀富济贫,我也有这样的本事。"话一开了头,大家无拘束了,七嘴八舌,不仅有的说佩服什么人,而且谈到上课的吵闹,校门口的摊贩骗小孩的钱,谈到哪条路不敢走,有小流氓拦截,吓唬,敲诈,还要动手打人。说着说着,有名小男孩突然哭了起来,我们一面安慰他,一面询问他为什么哭,他伤心地说:"我完了,没有希望了。爸爸说我这种人还读什么书,只能考'家里蹲大学',回家爸爸总是骂。反正不行了,我就胡闹。"原来他小的时候调皮捣蛋,弄伤一只眼睛,这只眼睛失明了。怪可怜的,我们劝慰他好久,鼓起他勇气,增强他好好学习、前途光明的信心。临别时依依不舍的形象至今还十分清晰。我们写了调研报告,分析家庭、学校、社会的责任,要思想重视,携手共同创造青少年成长的良好环境。一次次呼吁,一次次讨论,后来经长时间酝酿,青少年保护条例制定,齐抓共管,青少年犯罪率得到控制,逐年下降。从一次次调研中,我体会到要听到真话,了解到真情,实属不易。调研的目的本为掌握实情,解决问题,可被调查访问的总是遮遮掩掩,外面包了一层层的装饰纸,是被调查访问对象本身的心怯,还是其他原因,值得深思。

　　八届常委会期间,由于教育经费的短缺,中小学危房、简屋的矛盾十分突出。常委会上只要有教育的议题,我总要激昂慷慨陈言。教育事业必须有前瞻性,面向未来,为未来培养建设人才;但它又是滞后效应,几年之后,十几年之后,乃至更长时间才真正显现意义和价值。这个特点与人们急功近利、立竿见影的思想距离甚远,因而,总常常不被重视,放不到应有的位置上。特别是基础教育,是给人打基础的,要踏踏实实去做,更不能表面上花团锦簇,追求业绩辉煌。今日的教育质量就是明日的国民素质,不重视教育,实在是愚昧的表现。有好心的同志劝我话不要说得那么尖锐,无形中就伤了人。其实,我从没想到伤人,而是心里焦急,看到学校那么多危房简屋,特别是郊县的,担心房子倒塌出事,压坏学生。教科文卫委员会两位副主任委员许言和孟波同志都是老革命,他们比我年长得多,也不辞劳累到郊县学校调研。一次去远郊,正好是下雨,看了16所中小学,每所学校门口的路均是泥泞不堪,我们穿了长筒套鞋走进去才不湿脚,有的小学教室里是泥地,水汪汪,湿漉漉,上课时学生的脚就踩在水里。经费紧张到有的学校每节课只分配两支粉笔给教师。教室低矮破旧,光线昏暗。有些村校连电话也没有,信息不通。城市里许多中小学也是办学条件极差,多是弄堂小学、弄堂中学。有次常委会谈家桢副主任与我们一起调研,从很窄的楼梯往上走,吱吱嘎嘎的声音且不说,地板上左一个洞右一个洞,一不当心,脚就陷了下去。学生年幼无知,不知危险,有时还要在如此狭小破烂的地方奔跑,打闹。为了维持办学,进门的4个角、楼梯下面都撑着木头、竹子,以加固危房结构。设备就更不必说了,图书、仪器几乎没有,许多学校根本没有操场。有的小学厕所只有一个坑位,四五百名学生,下课后有些学生要穿过马路到家里去上厕所。马路上车来车往,险象环生。凡此种种,不胜枚举。当时,上海的经济由于结构调整等种种原因,一直往下跌,似乎还未见低谷,如何拿出钱来还"文革"以来欠的教育账,确实难度极大。

  市人大及其常委会是地方国家权力机关,市人大常委会要加强民主法治建设,促进上海的现代化建设。我们想到地方立法。要立法,保障上海的义务教育走出困境,健康发展。孟波同志要我起草建议义务教育立法的议案,以我们两人的名义提出。经过许多次调研、讨论,终于在1985年通过了《上海市义务教育条例》，从此，义务教育有法可依。法的制定有广泛的基础，听取了来自各方面的意见，协商协调，统一认识，就是文字表述，也是反复推敲，反复斟酌。1986年4月12日第六届全国人民代表大会第四次会议通过《中华人民共和国义务教育法》，根据全国的这部法，条例作了修改，后制定了实施意见。有法可依，经费增长，危房简屋逐步得到改造，学生的学习环境大大改善。

  80年代初期、中期，教师队伍不稳定，尤其是外语、音乐、美术等学科的教师十分紧缺，有些学校这些课常开"天窗"，无教师上课。为了稳定教师队伍，教育行政部门采取了种种措施，以防教师流失跳槽。那时，报纸上常登载招聘广告，招聘各类人才。但在那些广告里总有这么一行字："环卫工人及中小学教师不在其列。"看到这，真不是滋味。开市人代会时，我正好与市委第一书记陈国栋同志一个小组，于是，我拿《解放日报》登载的有关广告给他看，并表述我的观点：稳定中小学教师队伍的苦心是可以理解的，但这种做法不可取，对教师心理是一种伤害。俗话说，斯文扫地，现在是斯文不如扫地。环卫工作与其他工作一样，只是分工不同，从事这项工作的人同样应受到尊重，我没有丝毫轻视的意思。但如此表述，令人想到"文革"中臭老九的味道依然存在。元代统治者把人分为若干"等"，"八娼，九儒，十丐"。臭老九也就从那儿"沿袭"下来的。我要求以后招聘广告中不要再有这样的文字，"堵"总是不行的，要想方设法提高教师的地位和待遇。陈国栋书记是老革命，穿着十分朴素，平易近人，别人发言，他总是认真听，不时还插几句。这次我向他说了一大堆话，他没有一点厌烦，说教师稳定是重要问题，须想办法。从那次人代会以后，招聘人才的广告里再也没有这样的字句了。

  由此我联想到70年代末召开的全国工会第九届代表大会的事。深秋，组织上通知我当晚到北京参加工会代表大会。事情的前期准备我不清楚,只知会上选举了总工会执行委员和候补执行委员,我被选为候补执行委员,一年后又成为执行委员。一届5年,每年都要赴北京参加全总的执委会。记得第一次开会时,大家兴奋不已,许多从事工会工作的老同志,"文革"中受尽折磨,终于活了下来,重见天日。会上有个内容是分组学习座谈,反映基层群众情况。我当仁不让,历数第一线教师待遇的菲薄与工作的艰难。那时,教师工资长期在四五十元左右徘徊,年轻女教师不得不用相当时间给孩子织毛衣、缝衣服、做鞋子,学校领导又规定上班时间一律不准做这些,家务与工作常有很多矛盾,工作也确实受影响。改善生存条件方能保证教师全身心投入工作的质量。其他行业也有反映职工生活艰难的状况。会上发了简报,有一期头条是"为一些行业的职工请命",其中登载了我的发言。会后,新当选不久的上海市总工会主席王林鹤同志(经过三百几十次失败后获得成功的高压电桥的创造发明者)开玩笑地对我说:"如果是1957年,你肯定是大右派。"其实,我说的完全是实情,盼望教育事业早日恢复元气,获得长足发展。会议期间,全国妇联邀请我们女代表座谈,邓颖超同志参加。教育是必说的话题,我又讲述了教育的重要性及当教师的切身体会,大家非常赞同,觉得建设要人才,人才要多出、快出,人才不会从天而降,要靠教育,要靠教师,教师值得尊重。

为了提高教师待遇,在经济仍然下滑的情况下,我们提出了发放教龄津贴,聊补教师的生活,也是给教师增添发展的自信。有一天下午,在市委办公厅会议室召开各部委办局领导的会议,讨论教师津贴之事,市常委会领导派我参加。会议由当时主管文教事业的市委副书记曾庆红同志主持。会上争论得很厉害,卫生部门说护士紧缺,队伍不稳,要发护龄津贴,农业部门说农业是吃饭的大事,农业方面技术人员待遇低留不住,也应发点津贴。各有一本难念的经,百废待举,实在没那个财力。牵一发而动全身,教龄津贴发放,其他行业摆不平。会开到很晚,最后,曾庆红同志说：大家不要争了，大家僵持在那儿，一个也加不到。教育重要，还是从教师加起，以后大家都有机会，都有希望。听了这番话，我真是心存感激。市里财政很紧张，能下这个决心不容易，教育是有希望了。一个月尽管只有10元津贴，那时就是大部分教师工资的四分之一、五分之一、六分之一，已经是一个不小的数目，安家可以派点用处，后顾之忧减少。

1988年市第九届人民代表大会第一次会议上，我们教师代表围绕教育经费的事大大议论了一番。这一年，政府预算报告中教育经费增长5.7个百分点，而事实上，由于大批知识青年返沪后成家立业，所生孩子正好到入学年龄，因而，小学生骤增，有些区增幅高达百分之十几。学生增长与经费增长差距很大，而经费匮乏又必然导致小学要改成上下午两部制，即半天在学校求学，半天在家。两部制不行，小孩在家里无人照顾要出事，而且许多人居住条件差，一间斗室，孩子无法安排。由于弊端甚多，故而，我们60多名人大代表联名提出增加教育经费的议案。提交议案的法律依据是1986年全国人大常委会颁布的《中华人民共和国义务教育法》和1985年市人大常委会制定的《上海市义务教育条例》，这些法律和法规中明确规定，教育经费要做到两个"增长"，即教育经费的增长"应当高于财政经常性收入的增长比例，并使其按在校学生人数平均的教育费用逐步增长"。提议案的事实根据是我们访问了教育部门的领导，访问了不少学校的校长和教师，对学校设备、校舍以及生源增长情况有了进一步的了解，并核实了一些数据。那年上海财政收入增长8个百分点，高于教育经费增长，因而，我们普教的、高教的许多人大代表写了要求增加教育经费的议案，谈家桢和李家镐等人大常委会副主任也签了名，表示支持。

在人代会主席团会议上，大家就这个问题立不立议案展开了热烈的讨论。不立议案，就作为一般的意见处理，立为议案，是要办出结果的。那时,人们对教育在兴国中的战略地位的认识没有现在这样深刻;再说,上海要做的事太多,可说是百业待举,而教育经费增长的幅度已经高于卫生与科技。然而,"法"是准绳,立了法就必须依法行事。我是教师,对学生有特殊的感情。入学儿童基本上是老三届学生的孩子,老三届学生本身就受了许多苦,十年北大荒、云南,返沪以后往往只在街道小工厂、里弄生产组工作,生存条件差。好不容易成了家,有了孩子,孩子上学,又碰到高峰。如果孩子半天读书半天在家,安全有很大问题;孩子在家无人照管,家长上班绝对不放心。各行各业都碰到这个问题,社会的稳定就会受到影响。出于对事业的负责,我慷慨陈词,说清利弊,以求得不从事教育工作的同志对教育的了解与理解。会上各抒己见,气氛热烈。当时担任中共上海市委书记的江泽民同志在仔细听取大家意见的基础上,最后发表意见:立为议案,修改教育预算,增幅改为8个百分点。这一意见获得绝大多数与会同志的赞同。如果不是在开会,我一定会高兴得叫喊起来。依法行政,市政府作出了榜样。散会时,我从会议厅走出来,人大几位工作同志对我说:"了不起,开人代会开得修改预算还是第一遭!"这就是"法"的力量!那年教育预算执行的结果,增长幅度为13个百分点,所有小学生都在全日制学校就读,享受党的阳光雨露的哺育。从这件事以后,我更加感受到人大代表肩负的千钧重担,因为他们享有参与立法、依法监督的神圣权利。

当人民代表,参加了许多次检查监督工作,既学习了社会,又不同程度地兴利除弊,促进了社会的发展。其中有些事难以忘却。有次检查卫生工作,走访了一所区的妇婴保健院。该院房屋破旧,设备简陋,院长讲述经费困难难以维系时,眼眶都红了。他领我们去看产妇睡的床,真是令人心酸。那时正值生育孩子的高峰,两名产妇一张床,绝大部分床垫子都是破烂的、发霉的,直接影响产妇的健康。视察有市里教卫部门的领导参加,经过上下沟通,反反复复协商,这所保健院总算修缮、改进,造福这个区的妇女、婴儿。我们底子穷,要做的事实在太多,只有靠发展,才能解决问题,对这一点我深有体会。

全国人大要求地方人大常委会检查《中华人民共和国义务教育法》实施情况,我们市教科文卫委员会负责本市的检查。正值暑假期间,我们走访了一些区县。有个区汇报有关工作时,我们发现修校舍的专项经费有问题,于是追问,深入调查,核对发放专项经费的文件,找当事人了解。结论产生于调查研究之后,好些学校眼巴巴期待修校舍的经费已挪作他用,为少数几个人购房了,这是违纪违法行为,当然不能放过。我们对此狠狠进行了批评,并责成纠正。我是带队的,在会上明确阐述观点:"共产党为人民,任何人不能因手中有权为私谋利。有两项款子动都不能动,一是救灾款,那是人命关天的事,二是教育款,是为孩子的事,是牵涉到有没有良心的问题。对学生的事要讲良心,党员要讲党性。"依法办事,挪用教育款要受处罚。为此事我得罪了一些干部,但人民代表为人民,不为人民说话,不维护人民应有的权益,要你代表干什么?又不是摆设,花架子!事后,区领导对干部说:记住,教育经费是不能碰的,有"法"!80年代,人民对教育的重要性确实缺乏认识。我们到一个郊县,询问教育经费到位情况,特别是假期校舍修缮事,掌管财政的支支吾吾,说不清楚,再看看一些学校的操场、房屋,并无动工的迹象。检查反馈意见,我们请县里一把手到场,目的不过是促进依法行事,促进教育事业健康发展。散会时,县领导很不高兴,上汽车时对教育局长说:"有问题,内部谈!"市人大执法检查难道就不是"内部"吗?法治观念实在太薄弱了。

教师退休享受全额工资的待遇,是在90年代初经过反复呼吁在一个教师节来临时定下来的,目的在鼓励教师终生从教,为教育学生、教好学生尽心尽力。当然,经济待遇是买不了良心的,只能是提供生存与发展的条件,关键还在于提高对教育重要性与必要性的认识,教师自身提高自我教育的自觉性。

　　七八十年代那种争取教育经费、争取教师的地位与待遇,学校危房简屋的改造、教学图书仪器设备的添置等情景,今日回忆起来,真有隔世之感。那种求助,那种焦急,那种步履维艰,至今心犹戚戚。今昔对比,教育规模发展之快,学校面貌改变之迅速,令人吃惊,令人鼓舞。抚今思昔,怎能不由衷感谢党的改革开放的好政策?怎能不由衷感谢拯救国家民族于艰难困苦之中的邓小平同志?

校长应努力成为教育家

那还是 1966 年的事。"文化大革命"开始,红卫兵小将冲到办公室、档案室,抄到了一张学校培养干部的名单,我这名年轻教师是培养当副校长的人选。当时,少不得要乱七八糟地斗一阵。再看到校长那样被狠狠批斗,所以一提到校长二字,心里就害怕。粉碎"四人帮"以后,有次开市人大常委会,区委高华杰书记(他也是人大常委委员)对我说:"你们学校有些老师写信到区里,希望你做校长,你的意见呢?"我一听,连忙拒绝。我反复强调的理由是:我的长处只是爱学生,无行政能力。没有说出口的原因是:这所学校是"文革"重灾区,派性严重,关系复杂,我本身是挨批挨斗的,弄不清楚,如何治理?再说有的人就是不想上课当教师,处心积虑要当干部,管人,我何必自讨苦吃?没有想到 80 年代中期还是当了校长。一是由于小学生入学高峰,小学教师奇缺;二是由于学校折腾来折腾去,乱得不行。于是在杨浦中学的基础上恢复第二师范学校,我当了二师学校的校长。

有教师说,于漪当校长,肯定是拼命抓业务。怎么可能呢?抓业务要有抓业务的条件,乱哄哄的,怎么抓?队伍因学校转轨,人心浮动,不稳定。一切要从实际出发,才会有实效。接手工作时,我未制定什么"施政纲领",只在全校教职工大会上讲两点:一是恢复坐班制,每名教职工须准时上下班;二是学校工作没有不可告人的秘密,都可以拿到桌面上说清楚,背后的话我一句不听。提这两点要求,完全是针对实际情况。那时,中等专科学校无坐班制,因而上班时稀稀拉拉,迟到是常事。更有甚者,有的教师极不负责任,上课时间还在家睡大觉,学生很有意见,教学秩序不正常。这种状况不改变,谈什么教学质量? 学校乱,主要乱的是人际关系,东一摊,西一摊,张家长李家短,当面不讲,背后乱讲,风不正。有的人工作上不下功夫,专攻拍马,打小报告,影响彼此之间的团结。

要求全员坐班,那是冒天下之大不韪。果真有人来较量了。一名青工找我,威胁我说:"这么多年了,我高兴来就来,不高兴就不来,你管不着。你要管我上班,告诉你,你从哪条路回家,我很清楚,当心刀子,不客气。""人要吃饭,就要劳动,这是起码的道理,30岁出头的人连这点道理都不懂,真为你着急。"一番话才把那邪气压下来。每个人准时上班,除了认识、习惯、责任心外,有无具体困难,作了一番调查研究之后,有针对性地做工作,教学秩序逐步正常起来。

一个单位最忌背后叽叽喳喳,无事生非。对这种庸俗风、歪风最好的办法就是公开、公正,不听背后的话,让背后的话没有市场。如果校长耳朵软,偏听偏信,感情用事,是非曲直就会混淆,学校风气就正不了。为此,我们确立了以校风建设为突破口,切实加强师生员工的思想道德教育和专业思想教育,推动教学业务的进展,以求全面提高质量。

作为管理学校的一校之长,必须有明确的办学理念,追求高尚的教育境界。不仅学习历史上名校建设的经验,也借鉴国外有效的做法。1978年12月,我参加全国妇女代表团赴日本访问。那时出国访问是大事,由于长期封闭,对国外情况知之极少,因此,先要组织学习。代表团里从事教育的仅我一人,我要求看看日本的中小学校。到了日本,参观了好几所学校,留下深刻印象:学校窗明几净,不管是教学大楼、实验室,还是操场,均一尘不染,地上无痰迹、纸屑、垃圾,文明习惯令人钦佩。管理细致,到位,每个部门、每个教室、每件事均职责分明,细致到某个班级学生到校,走哪几条马路,过哪几座桥,有几个红绿灯,都在班级交通安全图上标清楚,教育具体、实在,不说空话,不说不着边际的话,教育的实效性启人深思。寒冬腊月,天上飘着雪花,小学生在操场上踢球一律穿的是短裤;东京御成门中学的体育活动更是丰富多彩,游泳、剑术、球类等,学生可根据自己的喜好,选择锻炼项目;除了校内体育锻炼,每所学校每个班级都有远足计划,走路、爬山,接触大自然,学生的体质体能锻炼令我吃惊。教学设备先进,上课当场电视录像,学生动作的正误(体育课排球训练)立刻播放出来,具体指导、纠正;数学课学生解题,每个人完成解题的时间,有何疑问等,学生只要在课桌上安装的不同键钮按一下,信息就反馈到教师的工作台上,教师就会立刻下讲台,到某个学生座前指导。我虽羡慕,但不稀罕,学生理解与否,我们靠察言观色,心灵沟通,有利于锻炼教师的眼力和专心致志;再说,学校发展了,教育经费充裕了,购买教学设备也就不在话下。

纵向思考,横向借鉴,我们确立了办学的制高点。在改革、开放的条件下,要把学校办成社会主义师范学校的样子,必须站在相当的高度来思考问题,必须在宏观上有较为科学的总体设想。依据是国家教委中等师范教学方案,师范的培养目标,学校的外部环境和内部条件,在实事求是分析的基础上,提出办学的三个制高点,即站在时代的制高点上、战略的制高点上,以及与基础教育先进国家竞争的制高点上。一代小学教师的素质关系到亿万少年儿童心灵的塑造,每一个师范生的背后,都有着浩浩荡荡的可爱的少年儿童,绝不搞短期行为。日本和西欧一些国家的基础教育质量是上乘的,正因如此,他们劳动力的素质比较好,在经济、科技、教育等各方面均有竞争力。尽管我们与他们社会条件不一样,但他们从严治校,科学管理好,教育效益高。他们能办到的事,我们为什么不能?因此,与基础教育先进国家竞争的意识,不是争一所学校的意气,而是争民族的志气,民族的自尊,争在学校基层显示精神文明的威力。具体地说，要做到三个瞄准：一是瞄准21世纪的小学教育，努力把80年代的师范生培养成为21世纪小学教育骨干；二是瞄准国外基础教育先进国家的小学教育，从严治校，发奋图强，办出水平；三是瞄准国内、市内兄弟学校的办学经验，博采众长，力求少走弯路，办出特色。这样的办学思想在多种会议、多种场合宣传，深入到师生心里，调动大家的积极性，竭尽全力把学校办成师范学校的样子，能经受改革开放的考验，使学校真正成为培养合格小学教师的摇篮，建设社会主义精神文明的场所。

治理乱校，绝对不能纠缠于各种矛盾之中，做调解员，而是要抓住育人的工作为主导，抓紧抓实，牢牢不放，在工作中化解矛盾，促进团结。说起来容易，做起来实在难度大。要创建良好的校风、教风、学风，就要"敢"字当头，敢抓敢管。学校不是真空地带，金钱拜物、享乐思想侵蚀着部分师生的心灵，赌博、酗酒、浓妆艳抹进课堂的情况时有发生，纪律松散、工作懈怠屡见不鲜。针对这种情况，有些是毫不含糊地杜绝，有些是正面引导，更为重要的是树立学校的精神支柱，让师生有追求的目标，有思想言行的准绳。社会上允许的，学校不一定允许，学校是育人的场所，必须弘扬社会主义主旋律，弘扬健康的、积极的、向上的文化。青年教师宿舍床底下乱七八糟的啤酒瓶，我帮着去收拾，带领他们一起整治脏、乱、差，鼓励他们要为学生做榜样。上班打牌不允许，中午休息可与学生交流，也不允许打牌，赌博更是严禁，这些都有损教师形象。具体问题一个个解决。

最令人伤脑筋的有两件事，一是师生的穿着打扮，二是糟蹋粮食，食堂桌上一片狼藉。刚开放不久，时尚潮流对年轻人特别有诱惑力，有的女教师着时装上课，珠光宝气，女生觉得新奇，评头品足；有些女学生涂脂抹粉，花枝招展，发型翻新。我曾开玩笑地说：过去是从猿到人，现在似乎要从人返到猿，披头散发，眼睛都被遮住，看不见。要不就是数学题做到了头发上,今天左边高起来一块,明天又右边高起来一块,好像是不等式在变化。人的精力是常数,学校不是时装表演的T形舞台,心思不用在教学上,不用在学习上,怎能保证教育质量?围绕这个问题,大家多角度开展讨论,花力气疏导。且不说请劳动模范、解放军同志、老校友等作报告,阐述青年学生应具有怎样的思想素质、文化素质和审美情趣,单就"师范生应追求什么""当代师范生应具有怎样的形象""什么是当代师范生真正的美"等专题,展开了若干次的讨论,在畅所欲言的基础上明确:社会上允许的,学校不能都允许;社会上流行的,学校也不一定都提倡;学校风气如果降低到社会的一般水平,那是教育的失败。师范学校提倡朴素美、庄重美、大方美,对低俗的、怪异的要学会辨别与抵制。与此同时,学生设计服装,设计发型,经民主评定,选出大家满意的式样,制作校服,推荐发型,把追求穿着打扮、追求一味时尚的所谓"美"转换到追求理想美、心灵美、行为美方面来。师生认识提高,措施实在,校风大为转变。

"谁知盘中餐,粒粒皆辛苦",学生在孩童时代也许就会背诵、吟唱,但他们对粮食是怎么种出来的,确实没有体会,因而,根本不懂得爱惜。没有受过饥饿折磨的人,不大体会粮食的珍贵与价值。尽管校会讲,班会说,浪费粮食的陋习仍然没有杜绝。泔脚缸里不仅倒剩饭和剩菜,而且有整个馒头、包子,包子馅吃了,包子皮就扔了。泔脚缸倒不下,溢得满地。有次,我气急了,到伙房里拿了个脸盆,用手把一个个包子皮、大块大块的饭捞起来,利用中午时间到一个个教室去讲:"学校不是培养大少爷、大小姐。吃饭人要体会种田人的辛苦,日晒雨淋,俗话说,一粒米要七斤四两力气才种得出来。从耕地、下种、插秧到除草、除虫、施肥等管理,到收割,要花多少力气,人心是肉做的,想想种田人的辛苦,就不会随手糟蹋。任何人都不能暴殄天物,这是素质问题,品德问题。吃不下可以少买,不要以为自己有钱,买了吃不下,或者不对胃口,就倒。

我们国家这么大,离富裕还远着呢,西部还有那么多贫困的地方,有的连温饱还没解决,想想这些,你的手怎么倒得下……"事后,有些学生在周记里写道:"我从来没见过于校长如此激动,我们不好,不懂事,浪费粮食的行为可耻,以后要注意节约。"

学生总是要教育的,道理要反反复复讲。良好的行为习惯的培养不可能一蹴而就,靠的是思想先行,说清道理;靠的是管理到位,坚持不懈地训练;靠的是自我教育,督促检查。根据师范生培养目标,针对学生实际,我们制定了一系列规章制度,学有学规,食有食规,宿有宿规,考有考规,会议有会规,实验有实验规则,劳动有劳动规则,规则简明扼要,切实可行,让学生懂得在集体生活中要健康成长,须有自我约束力,自觉遵守纪律。

良好的学校小气候绝非一两个人所能形成,需要全校师生员工统一认识,统一步调。教职工认识不一致,再严格的要求,再好的规章制度也是停在口头,变成一纸空文。用什么来统一认识,统一步调?

首先是树立育人的大目标。学校最大的事就是一个心眼为学生,为学生今日的健康成长,为明日成为合格的、优秀的小学教师。师范生的合格与否不是某个人的事,而是会影响一大批孩子的成长,因而,一丝一毫也不能马虎。"合格"的"格"不是教师的主观意愿,感情好恶,育人的准绳、标尺只有一个,那就是党的教育方针,德、智、体、美全面发展。

其次是树立精神支柱。以"一身正气、为人师表"作为全校师生的座右铭。精神支柱看似无形,但能起灵魂作用,有强大的凝聚力。教师的思想、道德、言行不管是有意识还是无意识,都在对学生起潜移默化的作用。因此,反复宣传教师应加强自身修养,堂堂正正,光明正大,在学生心目中能形成高大的形象;宣传教师的德、才、识、能,尤其是事业心、责任感应成为学生的榜样、表率。要把阳光撒播到别人心中,首先自己心里要有阳光。注意运用表扬与批评的方法,树正气,压邪气,对有损教师形象、有损师德的言行开展批评,防微杜渐。师范生是未来教师,明日教师,今日做起,因此,两代师表一起抓。

再次,聚焦在对学生的培养。把用文字表达的校风内化为认知、情感和自觉的行动。全校教职工各司其职,齐抓共管,严格区别自由与纪律、保守与开放、改革与放任,澄清糊涂思想,克服无能为力、无所作为的想法,反对教育的随意性,无原则地迎合社会低层次水平。聚焦培养学生,努力做到教书育人,管理育人,服务育人,环境育人。比如上文说到的不浪费粮食,除了班主任教育外,食堂里每个工作人员都有责任教育学生,管理上也落实措施,安排桌子分班就餐,桌子上的情况一目了然。学生购饭可一两,一两半,二两,按需购买,减少浪费。

学校教育不能有任何虚假情况,万事求其"真"。弄虚作假本身就是对学生实施负面教育,不仅削弱学校的可信度,更悲哀的是在学生心中留下阴影。办学求真是我们的追求。比如现在的学生比较娇,怕脏怕累,为了使学生意志、毅力、体力有所锻炼与提升,我们既抓早操的规范,又抓劳动锻炼的安排。早操集合,快、静、齐,培养学生的敏捷性和集体观念,动作必须整齐、认真,反映振奋的精神面貌。每个年级、每个班级、每个学生都具体落实。混,马马虎虎,就不必做,达不到锻炼意志、增强体质的目的。深入细致工作的结果,早操犹如开运动会的水平,进场出场均精神抖擞,步伐整齐。宿舍管理也是如此,学生自己打扫,内务整洁,养成卫生好习惯。校园劳动也是统筹安排,不仅清扫、整理,而且参加植草、植树、栽花、施肥,绿化校园,美化校园的劳动。在治理校容、校貌过程中,规范品德行为,陶冶思想情操,真正落实环境育人。学校获得市文明单位、市花园单位、全国花园单位的荣誉,确实是全校教师、职工、学生共同努力共同创造的结果,每个人都发挥了积极的作用。国家教委师范司领导带领几位处长到江南几所师范学校调研,住在我校一周,从清晨学生早锻炼一直看到晚自修结束返回宿舍。教室、宿舍、上课、自修、活动都细看细察,连钢琴上有无灰尘,是工人负责还是学生维护的都要向学生问个明白。临行前反馈意见,孟司长问:"这样的文明校风,这样的教学秩序,这样的师生面貌,你们为什么不向国家教委申报先进?"当时负责市师范教育的教育局副局长说:"他们学校转到师范还不到三年,还差两三个月,所以未报。"领导关心是好事,按制度办事是规矩。之后,我校很快就受到表扬,被评为全国师范教育的先进单位。对我而言,这是一种激励,一种鞭策。我经历得多了,真正体会光环虽炫目,但绝不是追求的目的,真正的目的是切实立足本岗位,全力以赴做好本职工作,让莘莘学子深受其益,成为报效祖国报效社会的人。如果把各种各样的光环、荣誉作为追求的目标,准星偏了,功利会迷住眼睛,心术也会随之不正,弄虚作假的事也就习以为常,不以为耻。

　　课堂教学质量是学校质量的生命线。学生日复一日、月复一月、年复一年在学校求学,绝大部分时间在教室里度过。一堂堂课是清晰的、充实的、兴味盎然的,学生就学有所得,基础扎实;如果是含含糊糊,花里胡哨,浮游无根,学生似乎学了,又未学到手,那必然是基础摇晃,影响今后的发展。各门课程要保证课堂教学一定的质量,最为重要的是抓教师队伍的建设。学校教育的质量说到底是教师的质量。教师的质量有多高,学校的教育教学质量就有多高。校长应该是培养教师,尤其是培养青年教师在教育实践中成长、发展的第一责任人。

　　师资来源和生源一样,学校没有多少实力可以挑选,必须面对现实,通过岗位锻炼,使师资队伍在原有基础上明显提高,最大限度地挖掘、发展每个教师的潜能。

　　"你这样培养不怕她跑吗?本领大了,跳出去就更方便了。"好心的同志提醒我。"跳就跳吧,跳来跳去都在中国。"我说。"跳到国外呢?"

"那跳来跳去都在地球上。"我开玩笑地回答。只要有可能,我总是送年轻教师外出学习,有短期培训的,有读本科的、研究生的。教师想学习,愿学习,肯花精力学习,我总是全力支持,必要时支付学费。校长须知,对教师的培养与使用,应培养重于使用,起码培养与使用并重。水涨船高,教师的文化素养、专业技能提高,学生就无形中大受其益。不积极补充营养,无新鲜血液,课越教越干瘪,无时代活水流淌。培养了,跳槽了,也没有什么了不起,毕竟有了发展,有了提高,对新从事的工作有好处。学校不但是培养学生成长、成人的场所,也应是培养教师、职工成长、发展的基地。

"我一定要上课,我也有了本科学历。"一位年轻同志反复央求我。"课有多种多样,有偏理论的,有偏实践的,你动手能力强,知识面又比较广,搞科技活动绝对会出成果。"教职工一个人一个样,各有所长,各有所短,校长要有眼力,扬长避短,让长处充分展示,充分发挥。知人善任,把每个人放在最合适的位置上。这位同志终于被说服,在课外科技活动中创造了不少成绩。知人善任不是静态的,应注意提示、指引,求得最佳发展。一位从外区调来的语文教师,专攻书法。师范学校中教毛笔字、书法好的不少,但师范学校主要不是培养书法家,而是要培养写一手规范、美观板书的小学教师。于是和这位教师商量,毛笔字当然要练,更重要的是要开辟硬笔书法的新途径,要研究书写规律,在短短几年内,让师范生通过一定的训练,写一手规范的粉笔字。这位教师潜心研究,摸索规律,不仅在书写实践上下功夫,在书写理论上也形成独有的认识。开辟了教学书法这条路,师范生习得了一手好字,普遍受到称赞,工作后小学生从中得益,这位教师也被评为特级教师,在市里产生了广泛的影响。

"她怎么也排课?你真有办法。"有位老教师不解地问。一所学校总会有几个个性特强的教师与职工,他们所在的那个部门也往往是意见多、矛盾多的地方,如何张扬他们的优点与特长,化解种种矛盾,是队伍建设中的一项难题。如何处理?开发学校课程,促进教师特长的发挥。用当今的话说,就是研发校本课程,有必修,有拓展。师范生要全面发展,教学技能要多面手。偶然发现"她"——这位职工手工技巧很好,于是请她开手工课。她感到这是对她的尊重、信任,高兴极了,不仅精心备课,钻研技巧,还创造出多种多样变废为宝的手工物品,短短一支粉笔,经她设计,可变为雕刻品,受到称赞。不仅学生锻炼了一双巧手,展览室里琳琅满目,而且这位职工人际关系也大为改善,不少矛盾烟消云散。任何教师的一技之长都要珍惜,都要找机会让他们发挥。如一名物理教师教学一般,但有副好嗓子,对男高音的发声特别有研究,请他上这方面的音乐课,学生欢迎,取得良好效果。

以任务团结教师、培养教师也是提高师资水平的一条重要途径。比如80年代中期稍后,我校与日本京都两洋高等学校交换短期留学生,围绕这项任务,要开设多种弘扬中华优秀文化的课程。且不说汉字、书法、古诗词,也不说国画与民族乐器使用,单是体育,就有拳术、剑术、武术中的一些行当。教留学生的同时,教师专业技能提高,上进心大大加强。有的任务要求比较高,更能锻炼人。90年代初,有机会与美国密歇根州立大学国际教师学习研究中心以及英国牛津大学教育学院合作研究师带徒青年教师职业初级培训模式。该项科研项目有比较完整的计划。有目的、内容、方法、操作程序、过程记录、考评、检查、激励等制度保证,三国数方(每个国家以两所及两所以上学校为研究单位)有统一研究的时间,文字材料有统一的要求,如日程表、周记、访谈,选择哪些不同的学科,课的培训前后对比须有课堂实录。开展研究又要注意校内外的结合,请有经验的教师指导。经过一年多的实践研究,一批教师科研意识增强,视野得到开阔,分析问题能力明显提高,对学校原本职初培训的优点与不足有了清晰的认识,改进的方向也比较明确了。比如,中国师带徒的明显优势是教学在研究中占的比例相当大,为43.4%,较英国高21.6%,较美国高28.1%。由于重视教学一般技能和特殊技能的探讨,新教师的进步明显,达到了培训预期的目的。美研究人员说,如果师徒帮带,教学只停留在15.3%的比例上,那是不成功的。但是,我们也有明显的不足。从声像资料及周记、访谈的材料看,美国新教师思维特别活跃,他们对教学、对学生、对种种事物有自己的想法,不盲从。英、美师徒讨论教与学的问题,不仅仅局限于课堂纪律、组织管理、突发事件的处理,而且涉及教师的兴趣爱好、家庭生活、学生的性格特长等,把"教"与"学"放到社会大背景下探讨,视野更开阔,时代气息更浓。他山之石,可以攻玉,结论是从研究第一手的材料中获得的,可信度大,较容易内化为自己的认识。这篇国际合作研究项目的论文,在1992年3月旧金山召开的美国教育研究会年会上宣读,引起了重视。此后两个月内,研究会陆续收到美国伊利诺伊大学、阿巴拉契州立大学、加利福尼亚州立大学海沃德分校、加拿大多伦多大学、西班牙格拉纳达大学、澳大利亚昆士兰大学、以色列海法大学教授专家来信,索取此论文。可见青年教师培养是各国教育界普遍重视的问题。遗憾的是我们结题报科研成果时,整箱的文字资料与声像资料都遭遗失,其中有全美推广的小学数学课课堂实录,中、美、英三国好几个学科的教师课堂教学实录与师生访谈实录(均为声像资料)。理由是单位搬家,找不到了。评科研奖项时,这些材料是否被看过,我不得而知。然而,国外主动来找我合作也是极不容易的。当年一位斯坦福大学的博士生根据她的学校密歇根州立大学几位专家教授的要求,搜集了我在报刊上陆续发表的培养青年教师的文章,寄给我,拟了10个有关问题,请我回答。我清晰地记得10个问题回答了10张纸,后来才有这个合作项目。一年多实践研究的辛苦且不去说,去参加结题,出席旧金山教育研究会年会的第二天,合作项目组开小会,讨论教师培养,我几乎回答了几十个问题,包括一些细节。我们不是图虚名,而是根据师资提高需要实实在在做的,总应受到一些尊重。

青年教师培养是教师队伍建设的中心工作,对他们要真心实意地百倍爱护,感情上沟通,政治上关心,生活上帮助,充分肯定他们的长处,也真诚地指出他们的不足,严格要求。我们采取教育教学评优的办法,组织他们岗位练本领。组成三级网络:师傅带徒弟;教研组集体培养,组长负责;学校组成教育教学评优委员会。岗位练本领做到五定:定目标、定内容、定项目、定时间、定测评。充分发挥中老年教师的骨干作用,促进青年教师切实增强责任感,切实养成良好的工作作风和工作习惯。这种培养不是单向的,而是互动的,中老年骨干教师在培养青年教师的过程中也有所促进,自觉提升。

作为一名校长,我投入时间和精力最多的就是听教师的课。听前,我自己熟悉教材;听后进行评析,从理论和实践结合的高度,评析课的利弊得失。不是一张表格、一个等第定"乾坤",而是要具体、实在。好在哪里,为什么好;不足在哪里,为何不足,怎样改进。要评出信心,评出干劲,评出努力的方向。有些青年教师对我说:"怕你听课,又希望你来听课,听一节课,评说一个多小时,参加的也可七嘴八舌,原来模糊的问题清楚了,原来好在哪里并不明白,现在也明白了,真有长进,很开心。"其实,听课评课绝不只是重知识传授、重某些教学技能技巧的传授,而是要滋养教师的心灵,将生命感、价值感、使命感唤醒,诱导他们发挥教育的创造力。

在改革、开放的条件下办学是全新的事业,既要纵向继承,又要横向借鉴,自己又要有主心骨,以法办学,以德立校,咬定青山不放松,执着探索,寻求全方位育人的规律。面对这样的事业,校长须不懈追求,创造理想的教育境界,力争成为教育家。这种追求,实际上是一种人生的追求,把智慧和赤诚献给事业。

教育思想总统学校工作的全局,如何具备正确的教育思想,深化自己的认识,是我反复思考、常学常新的课题。稍加疏忽,或急功近利,教育的价值观、功能观、质量观、学生观等就会偏离,故而要不断琢磨,提升认识,下大决心花大功夫落实到工作的方方面面。

管理才能绝不能误解为一个人说了算,包揽一切。要发扬民主,尊重别人。我总觉得一个人的脑袋总是比不上大家的脑袋,听取来自各方面的意见,博采众长,提高决策的正确性,是我校长必须锻炼的本领。管理要形成核心凝聚力,须发扬民主,带好一班人,充分调动每个成员的主动性和积极性。没有规矩,不成方圆。管理要上规格,就要定岗位,定任务,定职责,事事有人管,处处有人抓。任何职务不能挂虚名,挂空名,有职有权,就会放开手脚干活,心情舒畅。我任职期间,大事集体讨论,各部门的事各司其职。这样做的好处是:我不会陷在事务堆里,能腾出时间多思考,下教研组,下教室,抓队伍,抓关键,抓典型,抓创造。更为重要的是每个班子成员主人翁意识大大加强,遇事通盘考虑,发挥创造性,提升了工作质量;部门之间分工协作,运转自动化,实现良性循环。

有人说,真正的学校应当是一个积极思考的王国。确实如此,校长要成为教育家,须有丰富的智力生活,须是文化人,文明人,身上有书卷气,思维十分活跃。所谓"活跃",不是花样翻新,表面文章,形式主义,而是审时度势,因时辨势,遵循教育规律,独立思考,努力创新。既要有历史的眼光,又要有捕捉时代信息的能力,思想敏锐,脚踏实地。

一名校长,就是一所学校,反映学校的面貌,学校的内涵,学校的精神,学校的办学质量。因此,她的思想、品德、气质、言行应为教师的楷模,学生的榜样。她应是学校的脊梁,顶住学校一片天,以人格塑造人格,以精神激励精神,春风化雨,恩泽师生。这是我在学当校长过程中的一点体会。

读书之乐乐无穷

我读书没有得到高人的系统指导，主要靠自己摸索。早年求学，不懂得读书的重要，无计划无目的，随便翻阅，未能及时认真读应读的好书，以后吃亏不小。过后补，往往事倍功半，效果不佳，每想到此，总悔恨不已。《礼记·学记》上说："时过然后学，则勤苦而难成。"自身有此深刻教训，后来在语文教学工作中，我总力求在学生每一学习阶段中，激励他们切切实实学好每一阶段应该学好的东西，认真多读点书。

进大学后，一时面对知识汪洋大海，如行在山阴道上，风光无限，应接不暇，又觉得读书无从下手。走上工作岗位，深感学到的那点知识实在可怜，完全不够用，处处捉襟见肘，真所谓"学然后知不足，教然后知困。知不足，然后能自反也；知困，然后能自强也"。就在这种自反自强的心情下，我千方百计挤时间读书，力求做到"一丝而累，以至于寸；累寸不已，遂成丈匹"，用锲而不舍的精神走这条丰富自己智力生活的光荣的荆棘路。

怎样读书，读什么书，从来是个值得深入探讨的问题，也从来是仁者见仁，智者见智。

"五四"以来，社会上似乎有那么一股风，说到读书都把旧时一套完整的学习方法说成是迂腐。当时，时髦的学者多强调自己懂得读书做学问是从看《三国演义》《水浒传》《西游记》《红楼梦》而来的。这种说法很普遍，似乎很新鲜，不少人信以为真。自己去试试，完全不是这么回事。后来进一步查考一下,其中不少学者"旧学"的根底着实很深。他们不肯亮出他们的一套读书方法,只是怕人家说他是时代的落伍者。

进入大学后,发现有的教授几乎是无书不读,一提到某本书某部书,都会信口悠悠,乃至滔滔不绝,实在令人佩服。听有的高年级学生介绍,某某老师曾熟读《四库提要》,懂得目录学,这就引起了我对这方面的关心。

中学、大学课外也曾读过不少所谓"闲书",主要是中外小说。读的原因主要凭兴趣,主要凭能不能借到这些读物,谈不上打文化底子,更谈不上做学问。当时在我脑中外国作家形象最高大的是列夫·托尔斯泰,中国作家形象最高大的是鲁迅先生。我最爱读鲁迅的小说,觉得很朴实,乡土气息很浓,人性挖掘得很深,很感动人。母校镇江中学一位老校友告诉我,抗日战争期间,有一位在镇江中学教高中二年级的国文老师,进清华大学中文系求学之前,曾请求鲁迅为他开列一张必读书单,鲁迅竟然应允了。这件事引起了我的兴趣。我想,鲁迅这样的大文人竟然为一名学生开书单,其中必有缘故。出于好奇,非把它弄明白不可。

我的母校江苏省立镇江中学的前身是江苏省立南京中学。那位老校友告诉我,"一二·九"运动发生,南京中学学生积极响应,连日纷纷上街游行,到国民政府、行政院门前静坐,到中山陵哭陵。南京宪兵司令部很头痛,下令学校提前放寒假,并勒令江苏省政府把学校迁离南京。学校在镇江境内的"黄山"兴建校舍,落成后恢复上课,学校改名为江苏省立镇江中学。

老校友说的那位国文老师是在抗战期间清华大学中国文学系研究生班毕业的,名字叫许世瑛。身材矮胖,高度近视。他学问好,待人和气,学生很爱戴他。

许世瑛是著名学者许寿裳的长子,许寿裳是鲁迅最要好的朋友。

据说,民国三年,许世瑛五岁,许寿裳买了一本《文字蒙求》,请鲁迅做许世瑛的开蒙先生。鲁迅只给许世瑛认识两个方块字,一个是"天"字,一个是"人"字,并在书的封面写下"许世瑛"名字。开蒙识"天""人"二字,意义非凡,这两个字把天道、人事包容无遗,显示了中国人的精神和智慧。后来,许世瑛考入清华大学中国文学系,许寿裳请教鲁迅中国文学初读者应该读些什么书,鲁迅开了一张书单,一共十二种书。这十二种是:

《唐诗纪事》　　　　　　　（宋）计有功
《唐才子传》　　　　　　　（元）辛文房
《全上古三代秦汉三国六朝文》（清）严可均
《全汉三国晋南北朝诗》　　（清）丁福保
《历代名人年谱》　　　　　（清）吴荣光
《少室山房笔丛》　　　　　（明）胡应麟
《四库全书简明目录》　　　（清）永瑢等
《世说新语》　　　　　　　（南朝宋）刘义庆
《唐摭言》　　　　　　　　（五代）王定保
《抱朴子外篇》　　　　　　（晋）葛洪
《论衡》　　　　　　　　　（东汉）王充
《今世说》　　　　　　　　（清）王晫

这是一张很有见地很精到的书目单,教你读书要知门径,全局在胸,轻重得体,领会人物的精神风貌。这张书目单让我领会到读书与做人一样:要识大体,知先后,知人论世,知世论人。

这十二种书我并未一一读,常读一读的是《世说新语》,常翻一翻的是《四库全书简明目录》。前者教我评价人物要风神俱全;后者教我读书要心中有个框架,不能茫然无绪。

近年来,一直参与语文教材的审查工作,从小学教材、初中教材到高中教材,编一本文质兼优、适切性强的教材十分不易,编选者的甘苦颇能体会一二。由此我常联想到《千家诗》《唐诗三百首》《古文观止》等通俗读本。通俗读本往往有些"专家""学者"看不上眼,殊不知它们在普及文化、培养大众心灵方面起着极大的作用。我在前面曾写到《千家诗》在我幼年时带给我无与伦比的生命喜悦。最近有人说到文化无比伟大力量时,不无夸张地讲:"9·11"恐怖事件惊天动地,甚至某种程度改变人类历史方向,但谁能在中国人心中摧毁"床前明月光"的诗情?这种诗情流淌在血液之中。如果这话有点道理,不能不归功于《唐诗三百首》等类的通俗选本。

我学古诗文也是从读《唐诗三百首》《古文观止》等通俗选文开始的,它们把我带进了美好的诗文家园。后来进一步读了些各个朝代的诗文选本,并读了几种中国文学史把它们贯串起来,这样,多少有点系统的文学知识。然而,总觉得自己的那点知识可怜得很,寒碜得很,总是浮在水面上,十分肤浅。我深深体会到必须专心致志地研读几部大作家的著作,随着他们的人生足迹走一遍,才能真正领会他们的心路历程,领会他们生命的光辉,使自己真正增加见识,增添智慧,提升思想认识,不断完善人格。为此,我前后通读了辛弃疾、杜甫和陶渊明的著作,深深进入他们的精神世界。

走近辛弃疾

我国大诗人第一个走进我幼小心灵的是辛弃疾,这是缘分。辛弃疾在国家民族危亡之际,在我故乡镇江写下了许多慷慨激昂的爱国主义诗篇。我少年时正值日本帝国主义加紧侵略我大好河山,人民颠沛流离,苦不堪言,国家处于危急存亡之秋,因此,读了辛词无比感动。每当我登上北固山北固楼,他的"何处望神州?满眼风光北固楼。千古兴亡多少事?悠悠!不尽长江滚滚流"的词句就在我胸中激荡,爱国之情不仅油然而生,而且充盈胸际。从此,辛词伴我一生,我不断从中获得奋勇向前的力量。

辛弃疾的一生,丹心一片献祖国。早年参加农民抗金军,生擒叛徒张安国,向朝廷献《美芹十论》《九议》等,坚决主张抗金,但壮志未酬,遗恨终生。他是勤政爱民奋发有为的地方长官,所到之处均关心民间疾苦,赈济灾荒,兴利除害,为老百姓做了不少好事。他一生留下的词感动了一代一代人的心灵,教育着一代一代人的成长,是我们中华文化中极其宝贵的精神财富。正如黄梨庄所说,"辛稼轩当弱宋末造,负管乐之才,不能尽展其用,一腔忠愤,无处发泄……故其悲歌慷慨、抑郁无聊之气,一寄于词。今欲与搔头傅粉者比,岂知稼轩哉!"有管仲、乐毅之才,不能报效祖国,其忠愤可想而知。

辛弃疾的词展示了南宋屈辱时代的历史图卷,他的生命在其中活泼跳动。辛词是当时时代的最强音,它关心祖国的命运,反映人民抗金的愿望,揭露批判投降苟安。

他关心国家兴亡:

"我来吊古,上危楼、赢得闲愁千斛。虎踞龙蟠何处是,只有兴亡满目。"(《念奴娇》)

他关心河山破碎:

"追亡事,今不见,但山川满目泪沾衣。落日胡尘未断,西风塞马空肥。"(《木兰花慢》)

他关心国土沦丧,"南和北,正分裂"(《贺新郎》),不知祖国统一在何年!

他还借历史上英雄人物抒发与激励自己抗金救国的抱负。如在《八声甘州》("故将军饮罢夜归来……")中,对飞将军李广一生遭遇不胜感慨,希望也能"短衣匹马随李广"(杜甫诗句)看射猛虎,表达自己坚决抗金的意志。

辛弃疾常常怀着满腔悲愤,揭露、控诉、批判南宋小朝廷当权派苟安不抵抗,投降卖国的罪恶行径。他采取曲折讽喻的手法,如他的词中常提到的晋朝的王衍,把不抵抗主义者比之为可耻的王衍。王衍是晋国大臣,是著名的清谈误国的人。《晋书·桓温传》中说到王衍,指出"遂使神州陆沉,百年丘墟,王夷甫(即王衍)诸人不得不任其责"。

值得一提的是辛弃疾写的唱和、祝寿、赠别词,不像人们通常写的吹吹捧捧,庸俗无聊,而是鼓励抗金雪耻,词中常有"挽银河""洗胡沙""补天西北""整顿乾坤"等字眼,满腔热血感人肺腑。

他真恨不得把朝廷中的黑暗势力一扫而光。在一首建康中秋夜所赋的《太常引》中,他写道:

一轮秋影转金波,
飞镜又重磨。
把酒问姮娥:
被白发欺人奈何!

乘风好去,
长空万里,
直下看山河。
斫去桂婆娑,

人道是清光更多。

最后两句活用了杜甫《一百五日夜对月》中诗句"斫却月中桂,清光应更多"。他多么希望澄清朝廷中黑暗势力,使得政治清明起来。

前人说词,常分为"婉约"与"豪放"两派,并把辛弃疾和苏轼说成是"豪放派"。如果根据约定俗成的所谓豪放与婉约的含义,并根据词应有的特色来评论辛词风格的话,可以这样理解:一、稼轩词基本风格是豪放;二、有一些词一直被人认为是十分出色的婉约词;三、更进一步结合词应有的特色而言,则稼轩词的艺术风格是写雄浑悲壮的内容而有曲折含蕴的美。正如南宋诗人刘克庄(号后村)在《后村诗话》中所说:"公(辛弃疾)所作,大声镗鞳,小声铿鍧,横绝六合,扫空万古。其秾丽绵密处,亦不在小晏、秦郎之下。"尽管推崇备至,但也确实如此。

他写战争场面,惊心动魄;写英雄人物,气吞山河,不同凡响。同样,他写祖国壮丽山河,也是别开生面,气象万千。

写波浪,如"江头风怒,朝来波浪翻屋"。(《念奴娇》)

写江潮,如"截江组练驱山去,鏖战未收貔虎"。(《摸鱼儿》)

写泉水,如"清泉奔快,不管青山碍"。(《清平乐》)

写山势,如"叠嶂西驰,万马回旋,众山欲东"。(《沁园春》)

辛弃疾写自然界,真是天风浪浪,海山苍苍,极风云变幻之能事;他的抚时感世之作,则慷慨激昂,磊落英发,笔势纵横挥洒,不可一世。这一切都显示了历来所说的豪放风格。

稼轩词中还有些"情致缠绵,词意婉约"的佳作,这也是历代评论家津津乐道的。

宋朝人最重元宵节。元宵又称元夕,辛弃疾有一首《青玉案·元夕》的词,描写元宵节夜晚的盛况,真是绘声绘色,惟妙惟肖。满天烟火,又好似春风吹落繁星,像雨珠一般纷纷飘洒到地面。街上车水马龙,凤箫悠悠扬扬,鱼龙百戏舞动,在灯月交辉下,通宵达旦欢乐。游女高髻云鬟,打扮得花枝招展,盈盈走去,留下阵阵幽香。可恨约会的她不知找了多少遍,好难找啊,哪知——

> 众里寻他千百度。
> 蓦然回首,那人却在,
> 灯火阑珊处。

这是何等的风光旖旎!那种意境,那种格调,那种情思,那种韵味,打入眼帘,印入脑海,镌刻心间,完全是一种非比寻常的艺术享受。

稼轩词中最为后世评论家激赏的是《祝英台近》:

> 宝钗分,桃叶渡,
> 烟柳暗南浦。
> 怕上层楼,十日九风雨。
> 断肠片片飞红,都无人管;
> 更谁劝啼莺声住?
>
> 鬓边觑。试把花卜归期,
> 才簪又重数。
> 罗帐灯昏,哽咽梦中语:
> 是他春带愁来,春归何处,
> 却不解带将愁去。

这首诗一波三折,缠绵悱恻,细腻入微,把少女的一片痴情刻画得淋漓尽致。人们把它看成是稼轩词中婉约风格的代表作。

辛弃疾词里的广博用典也是颇有特色的。且举一首最有名的。他有一个族弟茂嘉因事贬官桂林,他写了一首《贺新郎》送别。

绿树听鹈鴂,
更那堪鹧鸪声住,
杜鹃声切。
啼到春归无寻处,
苦恨芳菲都歇。
算未抵人间离别。
马上琵琶关塞黑,
更长门翠辇辞金阙。
看燕燕,送归妾。

将军百战身名裂,
向河梁回头万里,故人长绝。
易水萧萧西风冷,
满座衣冠似雪,
正壮士、悲歌未彻。
啼鸟还知如许恨,
料不啼清泪长啼血。
谁共我,醉明月?

这首词中用了众多的典故,涉及汉昭君出塞、汉武陈皇后幽居长门、春秋卫庄公妻庄姜送别燕燕、汉李陵苏武河梁分别、战国荆轲易水离别赴秦等。然而,词的妙处还在于:如果我们不知道这些典故,基本上也能欣赏。试看:琵琶关塞、长门翠辇、燕燕归妾、河梁万里、故人长绝、萧萧西风、衣冠似雪等,把离别的气氛渲染得无限惆怅,无限悲凉。这种用典也是词中一绝。

辛弃疾还写下许多清新、活泼、富于农村生活风情的小词。他写农村姑娘偷空去外婆家看望,寒食节妇女回娘家,农村娶媳妇、嫁女儿等。生活中的琐细事均能入词,浪花飞舞,闪动跳跃,情趣绵绵。我最喜欢的是《清平乐·村居》:

> 茅檐低小,溪上青青草。
> 醉里吴音相媚好,
> 白发谁家翁媪?
>
> 大儿锄豆溪东,
> 中儿正织鸡笼。
> 最喜小儿无赖,
> 溪头卧剥莲蓬。

这是一幅温馨而富有风趣的农村风情画。短短一首小词,把农村一家老小勤俭纯朴的生活刻画得栩栩如生。小儿娇憨的情态用"无赖"形容,把儿童顽皮可爱的形象活脱脱地突现在读者眼前。

辛弃疾有两件事给我印象极深。一是他22岁时追擒起义军中叛变投金的义端和尚。后又与五十名起义军,驰骑直奔济州,于五万人众中生擒叛徒张安国。这是何等雄姿英发的少年英雄!他这种少年英迈之气到老不衰。二是他老年在一首《贺新郎》中说自己是"白发空垂三千丈,一笑人间万事","我见青山多妩媚,料青山,见我应如是","不恨古人吾不见,恨古人、不见吾狂耳"。

妩媚,豪雄,其为人如天马行万里长空,壮哉!

走近杜甫

儿时阅读古典文学作品,脑中浮起的生活环境不可能是古代的原型,而只是自己当下的生活环境。这一来,难免造成一些对于作品的误解。

更有一个有趣的现象。如读古典小说,往往把故事中角色的年龄"一锅煮",不去分大小。如读《三国演义》中赤壁之战,把主要人物曹操、刘备、孙权、鲁肃、周瑜、诸葛亮等一锅煮,认为反正都是大人,年龄大概差不多。再说,京戏《卧龙吊孝》,诸葛亮一口一个"公瑾弟",看来,周瑜肯定比诸葛亮小,如此等等。

《资治通鉴·赤壁之战》选入课本,我教的时候就不能不经意,不能把人物年龄大小糊在一起教,须认真查考一番。赤壁之战发生于公元208年,以上人物的年龄是:

最大的是曹操,54岁;周瑜比他小20岁,是34岁。

其次是刘备,48岁;诸葛亮比他小20岁,是28岁。

最小是孙权,27岁;鲁肃比他大10岁,是37岁。原来孙权的年龄只有曹操的一半。怪不得五年后孙权在安徽以七万人抵挡住曹操号称的四十万人大军,曹操感慨地说,"生子当如孙仲谋"。以年龄论,曹操是可以做孙权的父辈的。"生子当如孙仲谋",这个典故辛弃疾就在他的词里用过。

说这一段话的目的为了谈杜甫与李白。前人谈李白与杜甫的交谊,认为杜甫怀念李白的诗,既多,且情意殷殷;李白忆杜甫的诗,既数量少,又情意泛泛。认为两人相互间的情谊有分别,更有甚者以此而判高下。再加上《旧唐书·杜甫传》有一段记载,说法就更多了。记载是:"天宝末诗人,甫与李白齐名,而白自负文格放达,讥甫龌龊,而有饭颗山头之嘲诮。"这嘲诮的是一首什么诗呢?《唐本事诗》中云:

> 饭颗山头逢杜甫,
>
> 头戴笠子日卓午。
>
> 借问别来太瘦生,
>
> 总为从前作诗苦。

这首诗《太白集》不载,后人多说是伪诗。但该故事流传甚广,产生了不小的负面影响。

说杜甫、李白,首先得看一看两人的生卒年份。李白生于公元701年,卒于762年;杜甫生于712年,卒于770年,李白比杜甫大11岁。两人同经历"安史之乱"。"安史之乱"于755年发生,763年结束。李白在"安史之乱"结束前一年离开人世,而杜甫在"安史之乱"后还活七年之久。李白比杜甫几乎有一辈之差。他们二人结交时同游河南古吹台,李白已负盛名,杜甫还只是刚刚露头角的年轻诗人。李杜二人虽都罹"安史之乱",但李白年长,有名之作以乱前为主,多盛唐气象。杜甫年次,李白去世后还活多年,名作多在"安史之乱"中与"安史之乱"后。杜甫的诗歌广阔而全面地反映了唐王朝由盛而衰的整个过程,故而博得了"诗史"的美名。在当时历史背景下,如考虑两人年龄相差之大的因素,就不必去议论他们交往中的情深情浅了。

前人关于"诗史"方面的研究,花费的力气最大,成就也最多。我没有对杜甫作专门研究,只是欣赏、爱好,以求得精神上的营养,提高自己的思想情操。我读的书主要是清杨伦笺注的《杜诗镜铨》和明王嗣奭撰的《杜臆》。两本书都是上海古籍出版社版本。《杜臆》每篇有诗题而无原诗,但在诗题下注明《镜》卷几第几页,查起来很方便。两书参照而读,《镜》有原诗与注解,如觉得不够,可读《杜臆》,该书对杜诗有较详尽的解释,互相启发,往往引人入胜。

人们不仅盛赞杜诗是"诗史",还称"杜陵诗卷是图经"(宋人林亦之语)。杜甫有两句诗"读书破万卷,下笔如有神",几乎人人都知道。他书读得多,读得透,至于行路,一生何止万里。有的杜诗研究,仔细考查他的一生行踪,绘制了"杜甫行踪示意图",大大方便了读者。

杜甫晚年流寓夔州时,写了一首题为《壮游》的自传体诗,诗中说到他20岁以后十年间吴越、齐赵的漫游。吴越之游,经扬州,渡长江,到江南,往南到姑苏、会稽,直到天姥山下。齐赵之游,他说,"放荡齐赵间,裘马颇清狂",如此"快意八九年,西归到咸阳"。

杜甫在长安困顿十年,"到处潜悲辛"。755年,"安史之乱"起,他过着艰苦的颠沛流离的生活。乱后,唐肃宗还京,杜甫一家也回到长安。他得到一个小官职位,不久弃官携家西行,客秦州,寓同谷,最后入川,于759年岁末到成都,定居浣花溪。765年,又携家东下,经嘉州、戎州、渝州、忠州,到夔州。在夔州留滞两年,写了许多好诗。又携家出三峡,在鄂湘一带漂泊。770年,自潭州赴岳州途中死于舟中。杜甫所到之处,都有描写祖国壮丽山河、风土人情的诗。

杜甫从长安到成都的旅途中写了几组诗。在秦州写下了《秦州杂诗二十首》。离开秦州写了《发秦州》《万丈潭》一组纪行诗,共十二首;离开同谷,又写了《发同谷》《成都府》一组纪行诗,也是十二首。这些诗写尽了山川险阻,道路崎岖,行旅艰辛。如《石龛》诗中写道:"熊罴咆我东,虎豹号我西。我后鬼长啸,我前狨又啼。天寒昏无日,山远道路迷。"旅途中艰险的程度令人惊心动魄。

前人说欣赏山水行旅图卷是足以卧游,那么读杜甫的纪行诗是足以壮游。

杜甫在夔州时写下的著名组诗,如《咏怀古迹五首》《诸将五首》《秋兴八首》等,都是最高明最成熟的好诗。"忆在潼关诗兴多"(《峡中览物》),在潼关,他写下了《新安吏》《潼关吏》《石壕吏》《新婚别》《垂老别》《无家别》等悲天悯人的著名诗篇,形成杜诗的一高峰。而在夔州形成了诗的又一高峰。

杜甫有的组诗,分,则各首;合,则可作为一首看。如《秋兴八首》、早期的《陪郑文广游何将军山林十首》。《秋兴八首》的艺术境界最高。《杜臆》说得好:"《秋兴八首》以第一首起兴,而七首俱发中怀;或承上,或启下,或互相发,或遥相应,总是一篇文字,拆去一章不得,单选一章不得。"这是我最爱诵读的一组诗。秋景可悲,而诗人之情事,有许多可悲者,感秋景以生情,其中人生况味能给人以不尽的遐思。还有杜甫早年所写的《陪郑广文游何将军山林十首》。诗开头第一首说"平生为幽兴,未惜马蹄遥",中间八首写山林景物,人情交融,最后一首写"幽意忽不惬,归期无奈何",因不惬意而告归,然而"出门"还要"回首白云多",依依惜别,情注其中。《杜臆》说:"此十诗明是一篇游记,有首有尾。中间或赋景,或写情,经纬错综,曲折变幻,用正出奇,不可方物。"真是妙处难以言说。

《新唐书·杜甫传赞》说:"甫又善陈时事,律切精深,至千言不少衰,世号诗史。"到了明清,推崇他的诗造诣极高,无与伦比,是"诗圣"。如清叶燮在《原诗》中说:"诗圣推杜甫。"杜诗题材十分广泛,无所不有。作为历史图卷的诗《兵车行》、《前出塞》、《后出塞》、"三吏"、"三别",前人论述甚多,这儿只说一点粗浅看法:

杜甫在同谷有一首组诗,题为《乾元中寓居同谷县作歌七首》。第三首:"有弟有弟在远方,三人各瘦何人强?生别展转不相见,胡尘暗天道路长。东飞鸳鹅后鹙鸧,安得送我置汝旁?呜呼!三歌兮歌三发,汝归何处收兄骨?"第四首:"有妹有妹在钟离,良人早殁诸孤痴。长淮浪高蛟龙怒,十年不见来何时?扁舟欲往箭满眼,杳杳南国多旌旗。呜呼四歌兮歌四奏,林猿为我啼清昼。"

一首首悲歌令人唏嘘,七首歌直哭得声气俱尽,天地变色。

这种体裁后人仿效的很多。如清郑板桥的《七歌》,思念生母、思念后母、思念叔父、思念儿女、思念老师,情真意切,读来令人泪下。

  杜甫最重友情。他写了多首真挚感人的思念李白的诗,他思念他的诗友高适,与岑参交游唱和。他与比他年轻的严武唱和,严武去世,他不胜哀悼,几次写哀悼诗,并在他有名的《八哀》诗中又写了他。在《八哀》诗中还写了与他有深交的诗书画三绝的郑虔。郑虔贬天台,他不断思念。有一次在长安,他与郑虔一起饮酒,写了一首《醉时歌》,非常风趣。两人对饮,酒酣耳热,"但觉高歌有鬼神,焉知饿死填沟壑",沉醉聊以自遣,放歌而破愁,乃是一首不平而鸣的诗。

  杜甫同情苦难人民的诗比比皆是,"亲亲而仁民,仁民而爱物",他写了大量的咏物诗。他写鹰、马、猿、雁、燕、鸥、鹭、莺、鸳鸯、黄鹂、鸂鶒、鹅、花鸭,以及花木草虫,不一而足,都写得生意盎然。如:

细雨鱼儿出,微风燕子斜。

——《水槛遣心》

水深鱼极乐,林茂鸟知归。

——《秋野五首》

杨柳枝枝弱,枇杷对对香。

——《田舍》

穿花蛱蝶深深见,点水蜻蜓款款飞。

——《曲江二首》

自去自来梁上燕,相亲相近水中鸥。

——《江村》

留连戏蝶时时舞,自在娇莺恰恰啼。

——《江畔独步寻花七绝句》

两个黄鹂鸣翠柳,一行白鹭上青天。

——《绝句四首》

沙头宿鹭联拳静,船尾跳鱼拨剌鸣。

——《漫成一首》

即看燕子入山扉,岂有黄鹂历翠微。
短短桃花临水岸,轻轻柳絮点人衣。

——《十二月一日三首》

以上这些诗句不过是举例而已,但从中已可清晰地体悟到哪里仅是景物的描写,这显然是自然界生命在活泼泼地跳动!

《杜诗镜铨》第十七卷在《鹦鹉》《孤雁》《鸥》《猿》《麂》《鸡》《黄鱼》《白小》一群诗以后,研究者黄白山说:"前后咏物诸诗,合作一处读,始见杜公本领之大,体物之精,命意之远。说物理物情,即从人事世法勘入,故觉篇篇寓意,含蓄无限。"说得实在有点道理。

杜甫在《江上值水如海势聊短述》诗的开头四句:"为人性僻耽佳句,语不惊人死不休。老去诗篇浑漫与,春来花鸟莫深愁。"表述自己写诗力求高明,已达到即使随意付与,也可以写得惟妙惟肖,入木三分,这种笔力功夫连花鸟也愁怕。其实,花鸟又何必愁怕呢?花鸟啊,杜甫用生花之笔把你们的美好形象永远留在了天地之间。

杜甫的诗博大精深,元气淋漓,随物赋形,直探生命的存在!

走近陶渊明

辛弃疾一生也写过不少诗文,但似乎一直不被重视,一般的宋文、宋诗选本中,一首诗、一篇文章都未选。杜甫文章不多,一般选本也不选,偶尔选一篇《唐兴县客馆记》。我则喜欢他的题为《秋述》的短文。"秋,杜子卧病长安旅次,多雨生鱼,青苔及榻,常时车马之客,旧雨来,今雨不来……""旧雨""今雨"已成为人们喜用的典故了。他还一再在诗中提到他在长安献上三篇《大礼赋》的事,在《莫相疑行》中,他写道

"集贤学士如堵墙,观我落笔中书堂",可算是盛况。可是他的这些赋,一般选本中也不选。

在这方面,陶渊明可比他们显赫得多。他的文章《五柳先生传》《桃花源记》《归去来兮辞》,所有文章选本可说是无一不选,而且人人爱读,简直是家喻户晓。即使连他那篇被昭明太子说成是"白璧微瑕"(钱锺书所说"劝多于讽","瑕抑为瑜,不妨异见")的《闲情赋》,也常被赋的选本选到。须知,陶渊明写此赋时乃少壮闲居,才十九岁(袁行霈《陶渊明集笺注》),可见他的才华横溢。又如他的四言诗,让我看来,《诗经》以外,除曹操,以他为最佳。我很喜欢他思念亲友的《停云》,诗实在好,"停云"也就成为后世诗文中"朋友"的代名词。

昭明太子在《陶渊明传》中记载:"岁终,会郡遣督邮至,县吏请曰'应束带见之'。渊明叹曰:'我岂能为五斗米,折腰向乡里小儿!'"不为五斗米折腰是何等高尚的气节,对后世影响很大。于是后人纷纷考证"五斗米",有人说是"官吏俸禄数",有人说是"一人食量",当然还有别的。更有人考证桃花源的有无。陈寅恪说西晋末天下大乱,有"纠合宗族乡党,屯聚堡坞,据险自守,以避戎狄寇盗之难",桃花源就是传说中堡坞的写照。也有人说桃花源是古代"日出而作,日入而息,帝力于我何有哉"的理想、堡坞屯聚的实际和陶渊明自身田园生活三者结合的乌托邦。

后世文人唱和陶渊明诗的最多,苏东坡竟全和陶诗。后世画家画陶渊明生活的也很多,"渊明东篱采菊图""渊明抚孤松而盘桓图""归去来辞长卷"等,不一而足。由上述可知,古代诗人中影响之大,陶渊明应是首屈一指。

陶渊明在当时社会状况下不被重视。他的诗在钟嵘的《诗品》中被列为中品,只说他是"隐逸诗人之宗"。沈约的《宋书》把他列入隐逸传。渐渐地,在人们心目中他成为隐士的代表,似乎高超得不食人间烟火,这是大大的误解。无独有偶,西方有一种"牧歌"体诗,是写农村田园生活情景的抒情短诗。诗中蓝天白云,碧水青山,绿草如茵,草地上一群群羊儿在吃草,牧羊女婀娜多姿,牧歌悠扬动人,真是人间天堂。于是,有人出来调侃了,说草原上来了一只狼,一声枪响划破长空,美妙生活破灭,真是大煞风景。

我以为这只"狼"就是饥饿。无论什么人活着首先要有饭吃有衣穿,否则"雪满山中高士卧",这高士不管多么高超,没有饭吃,没有衣穿,总是要饿死冻死的。"狼"来了,陶渊明老老实实写下了一首题为《乞食》的诗:

> 饥来驱我去,不知竟何之!
> 行行至斯里,叩门拙言辞。
> 主人解余意,遗赠岂虚来?
> 谈谐终日夕,觞至辄倾杯。
> 情欣新知劝,言咏遂赋诗。
> 感子漂母惠,愧我非韩才。
> 衔戢知何谢,冥报以相贻。

诗写得情真意切,邻里和谐。陶渊明遭遇灾荒,备受饥馁之苦,这种乞食诗,那些自命清高的人是绝不会写的,陶渊明写了,可见他为人之真。这不禁使我联想到杜甫的一首诗中的两句,"厚禄故人书断绝,恒饥稚子色凄凉"(《狂夫》)和"百年已过半,秋至转饥寒。如问彭州牧,何时救急难"(《因崔五侍御寄高彭州》)。杜甫生活艰苦,有时也要"厚禄故人"来周济的。两位大诗人都是性情直率的人!

最早能真正欣赏陶渊明诗的是梁昭明太子萧统。他在《陶渊明集序》中写道:"有疑陶渊明之诗篇篇有酒。吾观其意不在酒,亦寄酒为迹焉。其文章不群,词采精拔,跌宕昭彰,独超众类,抑扬爽朗,莫之与京。横素波而傍流,干青云而直上。语时事则指而可想,论怀抱则旷而且真。加以贞志不休,安道苦节,不以躬耕为耻,不以无财为病,自非大贤笃志,与道污隆,孰能如此者乎?"

那时,能有这样的全面评价,有这样的精辟见解,真是慧眼独具,着实不容易。"贞志不休,安道苦节,不以躬耕为耻",要切实做到十分困难。所谓隐逸高士,多不躬耕,且以躬耕为耻。陶渊明躬耕,且不以为耻,这是何等心胸!陶渊明诗中写躬耕的为数不少:

> 人生归有道,衣食固其端。
> 孰是都不营,而以求自安。
> 开春理常业,岁功聊可观。
> 晨出肆微勤,日入负耒还。
> ——《庚戌岁九月中于西田获早稻》

> 衣食当须纪,力耕不吾欺。
> ——《移居二首》

> 贫居依稼穑,勠力东林隈。
> ——《丙辰岁八月中于下潠田舍获》

由于躬耕,他与劳动人民"时复墟曲中,披草共来往。相见无杂言,但道桑麻长……常恐霜霰至,零落同草莽"(《归园田居五首》)。显然,在亲身耕种中,与农民同甘苦,共命运。

他躬耕中喜乐与自然交融。"有风自南,翼彼新苗。"(《时运》)"平畴交远风,良苗亦怀新。"(《癸卯岁始春怀古田舍二首》)这使我想起当年带领高中学生下乡劳动时的情景。天久旱不雨,人急,稻子更急。忽然来了一阵大雨,真是喜降甘霖,田边的老农笑得咧开了嘴,嚷着:"看,田里的稻谷笑了!"对庄稼对自然没有自己深切的体会与感情,是讲不出这种话的。当然,陶渊明如果没有切身的体验和深厚的感情,也就写不出那些清新动人的诗句。

说陶渊明思想是儒家还是道家,说法不一。其实,他的生活准则是儒家的,对待生死又是道家的,结合在"贞志不休,安道苦节"生活实践之中。

前人论诗,常有"压卷"之说,如杜甫的《洗兵马》,王安石选杜工部诗以此诗为压卷。如果说陶诗压卷,我认为《读山海经》最好。

> 孟夏草木长,绕屋树扶疏。
> 众鸟欣有托,吾亦爱吾庐。
> 既耕亦已种,时还读我书。
> 穷巷隔深辙,颇回故人车。
> 欢然酌春酒,摘我园中蔬。
> 微雨从东来,好风与之俱。
> 泛览周王传,流观山海图。
> 俯仰终宇宙,不乐复何如?

西哲海德格尔说:"诗人的天职就是还乡,还乡使故土成为亲近本源之地。"

陶渊明是怎样来亲近本源的呢?他归来"结庐在人境",劳作在田野,在大地上安身立命。他十分热爱他的这个小居所。爱到什么程度呢?他在《与子俨等疏》中说"五六月中,北窗下卧,遇凉风暂至,自谓是羲皇上人"。这是何等的安适!他又是怎样扩大他的小居所到自然大居所的呢?"见树木交荫,时鸟变声,亦复欢然有喜",鸟有依托,吾亦爱吾庐,人和自然和谐交融,欢快之情溢于纸上。他喜欢读书,"偶爱闲静,开卷有得,便欣然忘食"。人类社会有了书,百年之身就可以上通千古,跨越时间。读《山海经》,跨越空间,在广宇长宙中俯仰自如,亲近生命本源之地,岂能不无比欢乐!好一个诗意地安居!

陶渊明质性自然,深厚真淳,生命充实而又无比光辉!

为了提高自己的思想认识水平,我也读过一点思想哲学方面的书。如思考陶渊明诗的境界时,必然联系到冯友兰的人生境界说。冯友兰把人生境界分为自然境界、功利境界、道德境界、天地境界四种。陶渊明当之无愧是天地境界中人。

不少人为当今世界的人欲横流、道德沦丧而忧心忡忡,并大声呼吁加强道德教育。这使我较长时间考虑人类道德的底线应该在哪里。我不由得想起《论语·里仁》中的一段话:

子曰:"参乎!吾道一以贯之。"曾子曰:"唯。"子出,门人问曰:"何谓也?"曾子曰:"夫子之道,忠恕而已矣。"

这"一以贯之"的"忠恕",广义而言,忠道即"己欲立而立人,己欲达而达人",恕道即"己所不欲,勿施于人"。忠道不是人人能做到,需要种种条件;恕道则人人可以做到,如果肯做的话。然而,当今能做到的也不多。其实,孔子自己对这个问题也早已点明,他在《论语·卫灵公》中说:

子贡问曰:"有一言而可以终身行之者乎?"子曰:"其恕乎!己所不欲,勿施于人。"

我认为"己所不欲,勿施于人"也应该是当今建设和谐社会、和谐世界的道德底线。

当今人与自然的关系常摆错了位置,口口声声要征服自然,其结果是造成对人类生存家园的大破坏。若一味如此下去,人类只有毁灭。这个全局性的问题必须引起高度重视。人在天地间应该是什么位置呢?《中庸》中有一段话说得最好:

唯天下至诚,为能尽其性;能尽其性,则能尽人之性;能尽人之性,则能尽物之性;能尽物之性,则可以赞天地之化育;可以赞天地之化育,则可以与天地参矣。

人类若一味破坏自然界,必然自作孽不得活;但也不能无所作为。最正确的态度是"赞化"。天地生成万物,人类只可参加、顺应、帮助,使万物生生不息。

外国的哲学思想著作也读了一些。由于改革开放前与世界隔绝二十几年,西方的哲学思想,尤其是20世纪的,我们竟茫然无知。如存在主义、阐释学等,西方知识分子人人能道,而今天在我国则成为专家之学。我已无精力深入钻研,故知之甚少甚浅。但因为教语文要说文论人,多少要学一点西方的阐释学。传统的阐释学尽信书,总以为能一丝不变地领会作者的原意,忽视人的理解的历史性。历史记载只是人生道路上留下的"迹",一定要超越时空距离,通过生命的表现才能获得对文本及其作者的真正理解。阐释学的目的就是要帮助读者把握文本及作者的原意。作者创作时有其时代性的先入为主的"成见",理解者对它们的理解也有其时代性的先入为主的"成见",他们各有其"视界"。理解就是文本作者的过去视界与领会者主体现在视界融合。视界融合揭示了阐释学经验的基本特征。理解不是消极地复制文本,而是一种创造性活动。

懂得这种理论,有助于我们理解课文和课文的作者。但我对于西方学者思考问题路子不习惯,难免有隔靴搔痒之感。相反,我比较习惯于我们自己一向思考问题的路子。上述的一套阐释学理论使我联想到我国以往经典中所说的"六经乃先王之陈迹"和"述而不作"的问题。

早先看鲁迅的《故事新编·出关》中老子和孔子的对话,虽说鲁迅已译成白话,但我还是不懂。材料出于《庄子·天运》。老子说:"夫六经,先王之陈迹也,岂其所以迹哉?今子之所言,犹迹也;夫迹,履之所出,而迹岂履哉?"鲁迅在《出关》中把这段话译成:"六经这玩艺儿,只是先王的陈迹呀。哪里是弄出迹来的东西呢?你的话,可是和迹一样的。迹是鞋子踏成的,但迹难道就是鞋子吗?"显然,历史记载的只是人生道路上留下的"迹","迹"是鞋子踏出来的,但怎能死心塌地把鞋子视为"迹"?应该要从生命走出来的"道"去认识历史,才是真正的读懂,认识发展的规律。

现在阐释学讲理解的创造性,使我思考了孔子"述而不作"的真实意义。《论语·述而》中:"子曰:'述而不作,信而好古,窃比于我老彭。'""述",循循绍述之意,跟着后面学;"作",是创作之意。难道孔子竟无创作?对此朱熹说得好:"孔子删诗书,定礼乐,赞周易,修春秋,皆传先王之旧而未尝有所作也……然当是时,作者略备,夫子盖集群圣之大成而折中之,其事虽述,而功则倍于作矣。"这也是说理解不是消极地复制文本,而是一种创造性活动。

当今儒学大师中,钱穆似乎只是循经典侃侃而谈,最给人以"述而不作"的味道,然而他的创辟实在不少。

读书犹如登高山看世界,上层楼阅人生,叩心扉观性灵,读书之乐乐无穷!

写到这里,我想起与张志公先生谈起背诵古书的事。他认为背诵很有用,也赞成背一点。他写过一本《传统语文教育初探》,是研究古时蒙学的,写得很好,对今天语文教学很有参考价值。古时儿童入学后启蒙阶段以集中识字为中心,用一年上下时间认识大约2 000字。集中识字的主要教材即"三、百、千",《三字经》《百家姓》《千字文》。教学方法很简单,先生略讲讲,就带着学生摇头晃脑地大声念唱。儿童信口悠悠念,对内容似懂非懂,一知半解,久而久之,也竟能脱口而出,牢记在心。随后进一步扩大知识面,读一点诗文、历史掌故的书,如《千家诗》《咏史诗》之类。儿童读来朗朗上口,也是信口悠悠念,心中似懂非懂,一知半解,久而久之,也居然能脱口而出,牢记在心,知道不少诗句,不少历史掌故。儿童记忆力强,趁此时期背诵一点东西大有好处。初则一知半解,随着读书多,社会生活经历广,这些知识在心里就会化,就会通,运用起来就会左右逢源。如果书不熟,记忆仓库里无货,用时要查来查去,那就难以深入浅出,就会处处觉得捉襟见肘。

古时确有一些硕师大儒,无书不读,学问博大精深,著作等身,对祖国文化事业做出了巨大贡献。一般读书人读书可不多,当时书少,求书不易;一书到手,往往如获至宝,于是日夜读,反复读,用心读,烂熟于胸。这样少而精地读书,对品德修养、知识增长、做人处事大有用处。今天不是书少而是书太多,泥沙俱下,鱼龙混杂,垃圾不少。要看书,一伸手就可得。如果今天我们读书不加选择,泛滥地读,不仅一无所得,浪费生命,有时甚至受其毒害。因此,今日读书必须善选择,少而精,才能切切实实读入心中,有点用处。

古时读书,"四书"必能背诵。至于"五经",其中《诗经》《书经》多能背诵,此外还能背诵《礼记》中《学记》《乐记》等一些名篇。当然,一部《史记》也是读得烂熟的。他们熟读了这些书,就具备了基本的中华文化素养。今天,我们要初步具备中华文化修养,粗知义理,从小应背诵哪些书呢?我想应该是构成中华文化不朽的原典。它们应篇幅不大,字数少，无须大段时间，可以随手翻翻，反复熟读，最后能信口背诵出来。与张志公先生谈及此事后，我思考多年，认为这几本书应该读：《论语》《中庸》《老子》，三本一共只三万多字。三本书都分成短章，每次读几章，背出来容易，也不花多少时间。背熟了，心中有个底，以后结合读书多、经历深，理解会越来越深入，运用起来也能左右逢源，受益匪浅。写到这里，想起了著名科学家杨振宁早年读《孟子》的事。1934年暑假杨振宁的父亲请了清华大学的历史系教师给他讲《孟子》，花了一个暑假，加上第二年半个暑假，杨振宁就能把《孟子》从头到尾背出来，从中得到很深的中华文化素养。那时，他是名初中学生。后来，杨振宁在多个场合满怀深情地提起这件事。他说："《孟子》里有很多关于儒家的哲学，你可以了解整个中国的思想方式。现在想起来，这对于我这个人整个的思路，有着非常重大的影响。"

  冯友兰先生在《中国哲学史新编》中说得很精辟："如果用传统所说的儒、释、道三教来区分，道教讲'长生'，佛教讲'无生'，儒教讲'乐生'。'长生''无生'和'乐生'这六个字可以分别概括儒、释、道三教的特点。"这就说明了三者对中国文化、中国人生活的重要影响。上面开列的三本书，前二者关系到儒，第三本书关系到道，如果要知道一点佛教，或可以背一背《心经》，它被认为般若经中最简明的提要，全文只260字。这是从中华文化深处说。如果要对中华文化源头处有所认识，最好读读司马迁的千古绝唱《史记》，书开宗明义从黄帝写起。这样去学习，或可真正有点文化底蕴。

一辈子学做教师

人们说中国先贤最喜欢"照镜子",勇于自我反省。相传春秋时期卫国大夫蘧伯玉,孔子在卫国时曾住在他家,他年五十而知四十九年非,对一生的思想行为作了深刻的反省。也有人日日反省的,《论语》第一章中就讲道:"曾子曰:'吾日三省吾身:为人谋而不忠乎?与朋友交而不信乎?传不习乎?'"反省了自己的待人接物和学习。宋代大史学家司马光说:"吾无过人者,但平生所为,未尝不可对人言者耳。"可见他为人诚信本色,能获得当时天下人敬信。

古人反思的内容以为人诚意与否最多。《大学》中讲到诚意说:"所谓诚其意者,毋自欺也。"清代的曾国藩也很讲究修养,他说:"所谓诚意者,即其所知而力行之,是不欺也。"不是讲讲算数,而是要真正做到。人们常说"自欺欺人",如果以认真的理学家所要求的,凡一言一行都得考虑到最初动机的话,人们就会发现往往"自欺"比"欺人"还要多。因此又提出了要"慎独",做人须人前人后、里里外外一样,"表里俱澄澈",来不得半点虚假,这确实不容易。

刚出生的幼儿是不自欺欺人的,肚子饿了就哭,吃饱了不哭,要睡就睡,要玩就玩,真是一片天机。因此,人们说人生有"诚"的潜在倾向,"不诚"乃是后天的事。由此可见,诚意的修养又是何等重要。中国人一向重家教,教人好好做人。我因从事教育工作,也喜欢看看家教之类的书。

早年,我很喜欢看《板桥家书》,这是郑板桥这位大画家教子弟的书。薄薄一本,很有意思。家书写得忠厚悱恻,世故人情,体贴入微,读起来很感动人。郑板桥在外面做官,他的儿子在老家由他的弟弟教养。家书是写给他弟弟的,他在信中强调教育子弟"第一要明理做个好人"。教育子弟要关怀劳动人民和穷苦亲友,时时周济帮助他们。他在《潍县寄舍弟墨第三书》中引了"二月卖新丝,五月粜新谷;医得眼前疮,剜却心头肉""耘苗日正午,汗滴禾下土;谁知盘中餐,粒粒皆辛苦"等四首悯农诗,教他弟弟以诗教育他的儿子,说:"又有五言绝句四首,小儿顺口好读,令吾儿且读且唱,月下坐门槛上,唱与二太太、两母亲、叔叔、婶娘听,便好骗果子吃也。"教育子弟,用心良苦,然而在不经意中一个"骗"字让理学家看来似乎多少走了样。《曾国藩家书》是教育子弟的名作,他在书里提到当时的一位名人倭仁。倭仁,字艮峰,理学大师,曾国藩与他讲求宋代儒家之学,很敬佩他。《家书》中说:"倭艮峰先生则诚意工夫极严,每日有日课册,一日之中一念之差,一事之失,一言一默皆笔之于书。"曾国藩后来也学他做了,"余自十月初一日起,亦照艮峰样,每日一念一事,皆写之于册,以便触目克治"。他的反思十分严谨,一言一行要求都很严格,不会如郑板桥的不经意随便用一个"骗"字。

加强思想修养,检点自己的一言一行,努力做一个至诚光明磊落的人,待人以心见心,处事开诚布公,对我做好教育教学工作、校长工作,是有很大帮助的。

当时学生中普遍存在重理轻文思想,认为"学好数理化,走遍天下都不怕"。这也有客观原因,学理工科出路好,工作容易找,这种顾虑无可厚非。至于文科,学生认为无用,甚至认为是些老古董,落后、陈腐,不屑一顾。这种思想对于学好语文是很大的障碍,我总得找出很有说服力的道理开导他们,使他们热爱我们光辉灿烂的优秀传统文化。于是我作了比较深入认真的思考。

当今世界科技发展一日千里,转眼"轻舟已过万重山",须加紧学,迎头赶上去。文科在学生眼里认为总是老一套,语文教科书中文言文教来教去总是那些篇,没意思。要让学生有正确认识,就得先让他们懂得如何看待自然科学与人文科学成就的大不同。当今自然科学的成就与古时的成就可说有天壤之别。以数学为例,汉、唐的《九章算术》《海岛》等书是了不起的著作,当时你若精通它们,就可称得上是数学名家。但今天看来,内容非常浅近,谁也不用去学了,只能在《中国科技史》中挂上一笔。大家都读过《墨子·公输》:"公输盘为楚造云梯之械,将以攻宋。"反战主义的墨子知道了赶忙到楚国都城郢见公输盘,费尽口舌好不容易才说服他不发动战争。云梯,当时可算得上是高技术含量的武器,现在看来用它来发动战争简直十分可笑。不能用今天的科技水平看轻公输盘,在当时他可算得上是不折不扣的科技大师,后世泥木工匠还尊崇他为祖师爷。有人说,今天自然科学虽日新月异,一日千里,但对于宇宙的探索来说,可能九牛一毛都说不上。

下面一段名言是大哲学家康德的话,刻在他的墓碑上:

有两种东西我对它们的思考越是深沉和持久,它们在我心灵中唤起的惊奇和敬畏就会日新月异,不断增长,这就是我头上的星空与心中的道德定律。

这是对宇宙、人生作人文的哲学的思考了。

人们说,"哲学就是哲学史",从事哲学研究离不开哲学史。古往今来的哲学名著都得仔细认真地钻研,而自然科学研究,它的起点则是最新的科学成就,古时的著作可以置之不顾。这是研究科学、研究人文很大的不同。文史哲学习研究一刻也离不开以往的伟大成就的著作。中国思想的研究早在古代就转向人文,春秋战国时期,百家争鸣,百花齐放,取得辉煌的成就。孔子、老子的思想像明灯,至今照亮世人的心。

人们说中国是诗的王国、史的王国,大史学家司马迁、司马光的史学名著至今彪炳于世,大诗人屈原、陶渊明、李白、杜甫的光辉诗篇,千古传唱不衰。即使就文章技巧而言,在一次有关重理轻文现象讨论会上,一位教授调侃说:"你今天学数学,可以不看《九章算术》,但写文章,你得跪在庄子面前求他指点一二。"古人思想精粹今日仍常学常新。

我一向认为我国古代教育思想教育实践成就卓著,切不可妄自菲薄。就教育目的、教育本质说,教育是教人做人,偏偏这个人人皆知的问题,人们常常会忘记。我小时候就有类似状况。房间里挂着一幅画,天天出出进进都看到。有一次有人跟我谈起这幅画,我竟一时想不起来。后来我发现一个道理,日日在眼前的东西反而熟视无睹,想当然的事反而不然,自以为已经做过的事反而未做。对教育目的应坚定不移地实现,不少人认识往往置之脑后,有的醉心于技能技巧、功利、政绩。

我国古代讲究人有人品,物有物品。人们以玉、梅、兰、竹、菊比有德的君子,《论语》中讲君子的地方很多,往往君子、小人相比。古时的教育旨在培养人成为君子,防范成为小人。在某个意义上说,防范小人反而显得更重要。小人自私自利,常常达到肆无忌惮的程度。老百姓也最怕小人做官,肆无忌惮地贪赃枉法。国民党重庆时期,贪污横行,老百姓恨之入骨,当时有人以繁体字"黨"字形象,写了一首歌谣:"小人登台,两手张开;口说主义,黑心贪财。"他们嘴上说三民主义,暗地里财源滚滚来。

《易经》中讲君子也最多。它本来是一部卜筮之书,经过整理后成了君子以德行智慧祈求多福的儒家经典。以六十四卦"象辞"而言,谈到君子最多。特别是"乾卦""坤卦"的"象辞"起了纲领作用。

乾卦·象辞:"天行健,君子以自强不息。"
坤卦·象辞:"地势坤,君子以厚德载物。"

张岱年先生说,这两句话"是中国文化的基本精神"。清华大学的校训是:"自强不息,厚德载物。"

对照古代的君子教育,今日我们应如何看待我们教育的基本目的。我认为应注意两点:一是培养有人品、有诚意、能合群,在社会上能与他人和谐相处的人;二是培养有能力,不仅能自持其身,且能对国家、对社会做出有益贡献的人。综合起来说,是培养德才兼备的社会好公民。根据教育的根本目的,各级各类学校皆可定出自己的培养目标,各学科也应结合自身特点制定出教育教学要求。

就语文教育而言,过去也走过一些弯路:强调思想教育时,往往把语文课上成思想政治课;强调工具性,强调知识,又重术轻人,忽视了人的道德、情操、人格的培养。为此,我孜孜矻矻,上下求索,左右对照,不断敲打自己,不断反思、改进。力求有自己的独立见解,不追风,不沽名钓誉,不乱提口号,不拾别人牙慧壮自己的声势,坚持教文育人的方向,在培养与提高学生理解与使用祖国语言文字能力的过程中,撒播做人的良种,熏陶感染,春风化雨。

岁月如歌,往事依依,留下的痕迹有浓有淡,有深有浅,有伤痕有欢乐,有失落有收获,但更多的是教育征程中自己的不足与遗憾,每想到此,总对学生心怀愧疚。自问当时确实尽了力也尽了心,可悲在就那么点认识水平,那么点业务实力,那么点文化底蕴,用不出力气。教育事业真正是遗憾的事业,教师责任大如天,追求永无止境。

与其说我做了一辈子教师,不如说我一辈子学做教师。

附录　四方人士评于漪（评论荟萃）

20 世纪 70 年代末至 80 年代初

　《中学语文教学探索——特级教师于漪的教学经验》前言　　罗竹风

20 世纪 80 年代至 90 年代初

　1. 她是人民教师的骄傲　　谈家桢

　2. 足为楷模　　张志公

　3. 真诚

　　——记于漪　　陶本一

　4. 立体化施教　全方位育人

　　——于漪语文教育改革评介　　戴前伦

20 世纪 90 年代至 21 世纪初

　1. 于漪的学术境界　　胡治华

　2. 在于漪从教 50 周年学术讨论会上的讲话　　柳　斌

《中学语文教学探索——特级教师于漪的教学经验》前言

罗竹风

　　《中学语文教学探索》出版了。这是一件大好事，值得我们庆贺。

　　任何事物都有其内在规律，只有掌握了它的规律，才能从"自在王国"向"自由王国"飞跃。要想掌握某一事物的规律，主要的是依靠实践。为了了解、把握它发展的全过程,为我所用,就更应当努力不懈地去实践。从实践中一步一步总结经验,并上升到理论高度;然后再回到实践中去检验,不断充实和丰富。这样,才能形成一种比较完整的科学体系。

《中学语文教学探索》所探索的是中学语文教学的全过程,是为了总结上海市特级教师于漪同志的教学经验,从而寻找其自身的规律,提供全国各地中学语文教师借鉴参考。

于漪同志的为人,我是熟悉的,可以称得上典型的"师道"。温文尔雅,谦虚诚挚,音容笑貌以至于举止行动,都合乎一位中学教师所具有的规范。她毕业于复旦大学教育系,开始担任中学历史教师,后因工作需要,又改教语文。这样的一种转折,当然是难以应付的。教育系所学的课程,对教历史、教语文都有很大距离,不得不从头学起;特别是教语文,所学非所用,困难就更大。"世上无难事,只怕有心人",于漪同志正是一个最认真的"有心人"。她不畏艰险,努力攀登,日积月累,终于开辟出语文教学的新途径。备课、授课、写作、阅读,从课内到课外,创造了一整套教学经验,真是"上天不负有心人"!

于漪同志也是一个忙人,除在学校教课以外,还担负着许多社会工作,经常在校外活动;有时还要参加全国性的会议或者到外地去讲学。但万变不离其宗,不管事情怎样纷繁,于漪同志总是坚持工作岗位,永不放松教学业务,一生甘愿当个名副其实的普通教师。她常说:如果脱离业务,我的教学生命就停滞了,作为一个教师,没有比这个更可悲的了。我以为这就是作为"人类灵魂工程师"的真正而又纯洁的"灵魂"。从平凡中见伟大,当一辈子中学语文教师,成绩卓著,难道比当什么"长"还卑下一些吗?

于漪同志以自己废寝忘食、刻苦钻研、锲而不舍、拼命向前的精神,赢得了教育界和社会上的称赞,被评为上海市的特级教师,这是理所当然的，也是当之无愧的。在荣誉面前，不是陶醉，而是更加虚心了。"学然后知不足，教然后知困"这句名言在于漪同志的头脑中一定是扎根很深的，因而她经常勉励自己，要更加奋发图强，不断攀登科学文化高峰。她以有限的业余时间，在人类知识长河中涉猎面之广，简直是令人吃惊的；像海绵吸水，像磁石吸铁，如饥似渴地探索和开发知识的宝藏。于漪同志好学不倦的精神，也是值得所有教师认真学习的。

作为《中学语文教学探索》的最早读者之一，我以为从外行到内行并无捷径可寻。第一要热爱自己的工作，并下决心干它一辈子；第二是，实践，实践，再实践，通过实践去发现和掌握这一门的内在规律；第三，不在困难面前低头，也不在胜利面前陶醉，而是兢兢业业，刻苦钻研，持之以恒。这样，自然就会水到渠成，金石为开，取得最高的成效。

仔细地读过《中学语文教学探索》之后，我还认为在六个大单元二十七个题目中，于漪同志教学的全貌可以概括为：因材施教，循循善诱；启发指点，切中要害；教学教人，全面开花；文以载道，道因文显。总的着眼点则是，全面地培养、提高学生的思想水平和业务能力，使他们毕业以后，能够更好地为人民服务，为社会主义服务。

党中央再三强调要坚持四项基本原则，有关单位又提倡开展"五讲""四美"活动，这都是为了树立社会正气，发扬革命的优良传统和作风，从而最大限度地调动各方面的积极因素，使全国十亿人民群策群力，同心同德，为建设具有高度民主、高度精神文明、高度科学文化水平的现代化社会主义强国而奋斗。对于青年学生来说，要特别强调加强思想政治教育的重大意义。

一提到加强思想政治教育，人们往往容易单纯地理解为这仅是政治课的责任。加强政治课，当然是"责无旁贷"的；但也必须打破墨守成规，因循守旧的观念。如果用50年代的一套老办法来应付80年代青年学生的新情况，那只能是南辕北辙，背道而驰。只有善于根据对象的思想特点和变化,采用更加符合他们实际需要的教材和教法,理论联系实际,对症下药地解决所存在的问题,才能充分发挥政治课教学的威力。

但这还远远不够。除政治课以外,历史课和语文课可以起到重要的配合作用。在于漪同志的语文教学实践当中,我们完全可以这样论断。通过形象化的教学,不管是用人用事,都能够强有力地作用于学生的思想感情,起着潜移默化的作用。而这种潜移默化的作用,对青年学生人生观的形成,又往往是根深蒂固,弥久而愈坚的。从这种意义上加以考察,如果全国的中学语文教师都能做到"教学又教人",为国家培育出思想健康、感情优美、语文本领高强的大批人才,当然是最有力地配合了思想政治教育,从而发挥了语文教学的全面效能。于漪同志的教学是完全可以起到这种作用的。

经过"文化大革命"的"十年浩劫",中学语文水平普遍降低,对中学生来说,千方百计地提高他们的语文水平,是当前迫不及待的重要任务。不难设想,对祖国的语文无知和污染,将会对"四化"建设带来多么消极的影响!如果说数学是自然科学的基础,那么语文就应当是一切学科的基础,必须认真对待,把它放在特别重要的位置上加以考虑。于漪同志在这一方面已经作出了应有的成就,学有榜样,我以为这也是难能可贵的。

《中学语文教学探索》是由《上海教育》编辑部两位青年同志徐金海、金正扬编写的。他们深入现场,联系实际,多看,多听,多问,多观察,多体验,花费了很长的时间,几经反复,才全面地总结了于漪同志语文教学的全部经验。它具有结构严谨,层次分明,文笔生动,引人入胜的特点。当读者一接触到,就会手不释卷,非一气看完不可。我以为这也是值得特别表扬的,因为它替编辑开拓了一条新路,走下去必然会青山绿水看不尽,一枝红杏出墙来。

我是以极其兴奋而又喜悦的心情读完《中学语文教学探索》这部书稿的,现在也以同样兴奋而又喜悦的心情向广大读者,特别是向中学语文教师介绍这本新书。

最后,感谢上海教育出版社和于漪同志本人的信任,使我有机会谈了以上这些感想。是否有当,还请多加指正。

1981 年 5 月

(作者生前系上海社会科学学会联合会主席)

她是人民教师的骄傲

谈家桢

于漪同志,60挂零,在教育战线已辛勤耕耘了40个春秋。40年来,她洒下的汗水、付出的心血、取得的成就、作出的贡献,无不使人敬佩。她堪称人民教师的骄傲。

作为教师,她深知教育的内涵、教师的分量,她酷爱教育,更爱学生。她的格言是"只有不会教的教师,而没有教不好的学生"。她业精于勤,用心育人,最痛恨的是对学生不负责任。她严于律己,做人在先,凡要求学生做到的自己必先做到。

作为校长,她彻悟身为一校之长尤其是师范学校校长责任之重大。无论走到哪里,也无论社会活动多忙,心中总是挂着学校。她常对人说,一个教师将影响一大群孩子,师范学校培养的是育人之人,出一个废品也是不允许的。于是乎,即使在思想政治工作比较困难的情况下,她也响亮地提出"两代师表一起抓"。这是何等可贵的责任感!就这样,一步一个脚印,一年一个进步,第二师范复校几年就成为经得起查、经得起考的响当当的全国先进,所输送出去的新师资也得到了社会的公认。这恐怕就是于校长最感欣慰的了。

作为市人大代表,于漪同志同样不负人民之重托,积极而努力地参政议政,主动并善于利用人民代表大会这个政治舞台为教育事业鼓与呼。从《上海市普及义务教育条例》立法议案的提出到《条例》的颁行,以及后来《上海市职业技术教育暂行条例》和《上海市职工教育条例》的制定与通过,都凝聚了于漪同志的心血与智慧。如今,她又为教育思想的转变、师范教育的加强、师资素质的提高而大声疾呼,竭诚建议。她真正做到了有一分热,发一分光,把自己的全部身心献给了教育。但愿在我们的教师队伍中,出现更多的于漪式的优秀园丁。

(作者系原上海市人大常委会副主任、著名生物学家)

足 为 楷 模

张志公

于漪同志从教 40 年,门墙桃李、私淑弟子,遍及国内外。对于漪老师的学术造诣、教学成效、待人之道,有口皆碑,无不称颂。我有幸识荆,于兹十数春秋,对以上诸端,也颇有所知。

于漪同志学教育出身,而多年从事语文教学,间任校政管理。在基础教育阶段(由幼教至高中),教育学、心理学,包括教学论、学习心理学等理论修养,至关重要。思想境界,语文素养,以及教育理论的掌握和灵活运用,三者不可或缺。于老师教学艺术之高超,教学之所以卓有成效,实得力于三者俱备。目前不少年轻教师,由于客观或主观原因,注意一端不及其余者,颇不乏人,深望以于老师为榜样,努力以赴,教育、教学之发展进步,幸甚!

于漪同志乐于并善于培养、扶植后进,是其又一特点。不论学术观点是否相同,凡与之接触或有所请教者,于老师一概热情予以帮助。这种精神异常可贵,亦社会十分需要者,大大值得称道。

值此庆祝于漪同志从教40周年,可写者尚多,谨书此两大端,借表贺忱。

(作者生前系原全国政协常委、著名语言学家)

真　诚
——记于漪
陶本一

可以用"经久不息的雷鸣般的掌声"来描绘于漪老师结束报告时礼堂内的情景,这些原来带着书籍报刊来准备度过这个"难熬"下午的高年级大学生,现在却不愿离开礼堂,他们围着于老师争先恐后地要求她签名。这个场面对于我来说并不陌生。1981年于老师第一次应邀来我们学校作报告时,那种热烈的场景至今令人难忘。是什么吸引着这批很难动情的大学生?用一位学生的话来说:"是于老师的真诚深深地感动了我。"

真诚,是每个和于老师稍有接触的人都能感受得到的。

那年春节,我去于老师家中,还未打开房门,就听到满屋的欢声笑语。走进房内,两个房间坐满了中年、青年的男男女女,这些都是于老师以前的学生。年长的,他们的孩子都念大学了,而最年轻的则才跨入大学的校门。然而无论他们年龄相差有多大,有一点却是共同的,心中都保留着对老师的爱。岁月尽管流逝,但这种发自内心的爱却难以消失。所以每年过节,于老师家里一连好几天都会涌来不少学生。在隆冬的季节,这间寓所里总洋溢着热烈的春天的气息。于老师最大的特点是对学生一片真诚,学生是她活动的整个天地。她有句话集中反映了她的教育观:"教书必须教心,教心必先知心。""知心"不仅仅是了解学生而且是要让学生了解自己,只有学生信任了你,才会对你袒露自己的内心世界。于老师用自己的真诚换取了学生的真诚,而只有建立在真诚基础上的师生情谊,才具有不息的生命力。

对学生是如此,对周围同志也以真诚相处。当过传忠同志第一次领我去见于漪老师时,说实话内心很有点紧张。那时《语文教学通讯》才创办不久,对于内地小城市的一份名不见经传的刊物编辑前去约稿,这位在"文革"前就已经知名于上海中语界的教师会是个什么样的态度呢?我正盘算着说些什么样的客套话来引入正题,于老师却先开了口,从刊物编辑的困难谈起(一下就抓住了我的心,那种拘谨感不知不觉中消失了),谈到刊物怎样才能有自己的特色,又谈到了她对当前语文教学的一些看法。她不时注意把我和老过吸引到谈话中,用真诚和平等的态度和我们一起讨论,虽然是初次见面,可等到我们告辞出来却仿佛是相识已久的老朋友。报社的年轻人初次去见于老师,以为她是"权威",又是"官",都是战战兢兢,但没过一会儿竟然都"放开"了,立刻显露出一个真实的"我"。在于老师面前任何人都无法掩饰自己,因为面对着她的真诚,你感到必须坦诚。尤其令人感动的是她对年轻人的关心。要求是严格的,有时甚至管到细枝末节;然而,她是那么设身处地地为年轻人着想,又是那么想方设法地为年轻人解难,任何人都会感受到这种真诚的可贵。

最令人难忘的是于漪老师对事业的真诚。按理来说语文教材她教了许多遍了,一些经典课文可以说是滚瓜烂熟,可每次上课前于老师总是要把课仔仔细细重新备一遍,琢磨着教学的每一个环节,考虑着教学中可能会出现的各种情况。她说,文章是旧的,但学生是新的,理解怎么可能一样呢?正因为她是充分见到了"人"(可惜我们现在还有不少教师是见"文"不见人),充分重视学生的因素,所以每堂课都能紧紧抓住学生的心,使学生有所得。刘国正同志在听了于老师的课后说:"我坐在学生中间,思想化到了讲课中去,忘记了自己是听课者。有人说,听于老师的课,是一种艺术享受,是的确的。"她把自己的全身心都投入了教学活动,曾经有人建议她离开讲坛,专职搞市人大常委会工作,她没同意。她舍不得学校,舍不得学生,舍不得关系到国家千秋大业的教育工作。她曾经说过一句非常感人的话:教师是燃烧自己,照亮别人,"一身洁白,通身光明"。唯有真诚,才能通身洁白、光明。

(作者系原山西师范大学校长、教授)

立体化施教　全方位育人
——于漪语文教育改革评介

戴前伦

一、教文育人:鲜明的语文教学主张

多少年来,一个复杂而简单、模糊而清晰的问题反反复复地困扰着人们:教育是传授知识还是培养人?教师是满足于当一个教书匠,还是力争做一个教育家?全国著名语文特级教师于漪对此有一个响亮的回答:"教育,就是培养人。教师,首先必须清醒地意识到自己应该努力争取做个教育家。"基于这种认识,于漪通过多年的教改探索,在语文教育中提出了"教文育人"的鲜明教学主张。于漪的教文育人观以学生为核心,包含三个层面,即研究学生、激励学生、雕塑学生,其育人的向度是全方位的。

(一)研究学生,一片爱心在玉壶

语文教学有着自身的内在客观规律。于漪认为,语文教师要教学

生学"文"作"文",理解和运用祖国的语言文字,培养听、说、读、写能力,但是更重要的是教学生学"做人"。她说:"离开了'人'的培养去讲'文'的教学,就失去了教师工作的制高点,也就失去了教学的真正价值。"她认为语文教师胸中要有教文育人的清晰蓝图,这张蓝图须由三个部分有机组成:(1)培养目标,即明日建设者的总体形象,兼备思想素质、道德情操、科学文化素养;(2)学生现状,即通过读、闻、问、阅和材料跟踪,了解、研究,摸准学生的思想、性格、学习心理、学习习惯、学习方法、语文基础、语文能力等方面的实际情况;(3)实现培养目标所要攀登的阶梯,即教师心中要有强烈的阶段感,引导学生在一定的学习阶段完成一定的学习任务,循序渐进,拾级而上,重点突出,步步踩在实地。

为研究学生,于漪倾注了满腔的爱,给予了慈母般的温暖。她曾满含深情地说:"教育事业是爱的事业。师爱超越了亲子之爱、友人之爱,因为它包蕴了崇高的使命感和责任感","教师胸中要有一团火,在任何情况下都要朝气蓬勃,对学生有感染力、辐射力"。她播撒爱的种子,满怀对莘莘学子的无限期望,将学生置于特定的历史条件和社会环境中去研究,去认识。她教在今天,想到明天,以明日建设者所需要的素质与能力,促进今日语文教学的实践和语文教学改革的深入。于漪研究学生的眼光无时不在,热爱学生的感情无处不有。这种爱渗透于生活上无微不至的关心,思想上循循善诱的帮助,尤其是课堂上和蔼可亲的引导,举一反三的启发。有一次,于漪要初一学生做题为"四季景色图"的作文,许多学生寻章摘句,生吞活剥,抄袭相当严重。对此,于漪没有指责、训斥学生,也没有让学生重写,而是用自己对学生的爱,上了一次别开生面的作文讲评课。她首先面带微笑,感情真挚地说这是一次失败的写景尝试,然后启发大家思考失败的原因,学生七嘴八舌地议着,笑着,有的扮着鬼脸道出了原因之所在:"抄!"于漪领首频频,把自己的笑汇入学生的笑的溪流。接着,她语重心长地告诉大家:抄袭人家而写得好的文章,像纸花一样,是假的,虽然很美且迷人,但没有生命力;苦学加巧学,写出来的文章像鲜花一样,是真的,它带着晨露,富有生命力。最后于漪要求学生学着写一写《秋色老梧桐》,她依然微笑着,指导学生怎样从形、色、声、态等方面去写秋桐,从与春、夏的比较中去写秋桐。面对学生的抄袭,于漪没有简单指责学生"不应该这样",而是用自己的一片爱心、指导学生"应该怎样",这正是语文教学中一种非常高明的境界。于漪深有感触地说:"让课堂生活产生持久的魅力,首先在于教师对生活有执着的追求,在课堂中倾注自己的爱。"

(二)激励学生,天生我材必有用

于漪的全方位育人观,不仅包含站在时代的制高点上,根据学生的身心特征,从不同角度、不同层面培养教育学生,以教师满腔的爱感化学生,而且包含面向全体学生、全面和谐地教育学生,且因材施教,因人施教,审视学生之间的差异,激励和保护各类学生的积极性,使优、中、差各类学生都有进步,都能享受成功的喜悦,都能树立"天生我材必有用"的自信心。于漪所教的一届学生中,有四个学生口述能力很差,乍看似乎都有口吃的毛病,但经调查发现,病因各不相同:第一个学生是舌头稍短,口齿不清;第二个是独子,父母娇惯,因此停顿多,语言不规范;第三个是幼时模仿口吃者讲话,自己逐渐口吃起来;第四个是思维迟钝,说话结巴。对这几个差生,于漪没有抛弃他们、歧视他们,而是热情地鼓励他们树立自信心,保护他们的自尊心,并且采取对症下药、因材施教的措施予以矫正:第一个学生先从生理上解决,到医院手术治疗,然后耐心地进行说话训练,鼓励他说话的自信心,调动他说话的积极性;第二个则与家长联系,剖析家庭语言环境的重要意义,请家长说话时注意语句的完整性、规范性;第三个首先鼓励他消除紧张心理、情绪,并相信他说得通,说得好,以树立必胜的信心;第四个则着重训练其思维的灵敏度,并以鼓励手段指导他想清楚了就说。通过几个阶段的训练,这几个学生的口头表达能力显著提高,效果很好,从而消除了这类差生"我辈无能,羞于做人"的自卑心理,培育了他们"我辈有用,勇于做人"的自信人格。

(三)雕塑学生,唯人唯物两相生

教师是人类灵魂的工程师,教师的任务是塑造学生的灵魂,培养他们具备建设四化的才干、追求真理的精神、坚忍不拔的意志、良好持久的习惯和先人后己的情操。于漪认为,这种雕塑学生灵魂的艰苦细致的工作,不仅必须坚持辩证唯物主义的观点,而且必须坚持"目中有学生"的唯人是教的原则,这就需要了解学生,洞悉学生的内心世界,把握学生在成长过程中的发展变化,把自己的教学工作建立在科学的基础上,按照规律育人。怎样才能雕塑出一个个美丽的灵魂?于漪认为应从三个方面着手。

第一,牢固树立目中有学生的观点。

"目中有学生",看似容易,做则困难,教师在处理手中的书和台下的人——与学生的关系时常常错位,不是将人放在首位,而是将书放在第一。于漪回顾自己的教学历程时曾说:自己初作教师时,眼睛只盯着教科书,以为钻研了教材,写好了教案,把课文讲出点名堂来,就算完成了任务。后来,她逐步认识到:教学、教学,"教"要在"学生"身上起作用,培育"人"才是教育、教学的大目标,一切教学活动都必须服从于这个大目标,为实现这个大目标服务。教师在课堂上的地位犹如导演一般。导演的胸中时时有观众,目的在于引导观众进入剧情,调动自己的感情,展开联想和想象,从而受到熏陶感染。语文教师的眼中也应时时有学生,教学的目的在于引导学生进入课文的情境,调动情感,展开联想,发挥想象,深入思索,从而升华思想,净化灵魂,陶冶情操,获得知识,形成能力,成为四化建设的有用之才。"教师的主导作用就在于调动学生学习的自觉性和主动性,促使学生充分发挥认识主体的作用"。

第二,要站在时代的高度认识学生的新情况、新起点。马克思说,人是社会关系的总和。社会在发展,时代在前进,作为时代一"海鸥",社会一分子的学生,其思想、道德、情操、行为、兴趣、爱好无不渗透着时代的气息,打上时代的烙印。于漪说:"80年代青少年有80年代独有的特点,教师如眼光不换新,用老尺子衡量,老经验套,甚至用自己做学生时候的框框套,榫头当然对不上。"她认为,80年代中学生的新特点是有强烈的成才愿望,有振兴中华之志,这是时代赋予他们的特征。不管是优等生,还是中等生和后进生,都有这种愿望和志向,只要因势利导,他们均可成才。学生的兴趣十分广泛,对古今中外的人以猎奇的心理去了解,尤其津津乐道于现代科学技术。因此,只要教育得法,就会使一批批苗子脱颖而出。他们敢于思考,敢于提问,有时看问题的尖锐性和深刻性大大超过他们的年龄。这就告诉语文教育工作者,教育必须晓之以理,动之以情,导之以行,切忌用形而上学的观点去认识学生,要用辩证唯物主义观点去"观其所以,闻其所由,察其所安",以增强教育效果,育出栋梁之材。

第三,要和学生的心弦对准音调,理解他们,促进他们健康成长。苏霍姆林斯基说:"在每个孩子心中最隐秘的一角,都有一根独特的琴弦,拨动它就会发出特有的音响,要使孩子的心同我讲的话发生共鸣,我自身就需要同孩子的心弦对准音调。"于漪深得苏氏这一理论的奥秘,在语文教育中特别注意与中学生"对准音调"。她注意从不同渠道获得学生各方面的信息,与学生谈心,与作文作业"会面",与家长接触,全方位开放自己的感官,让学生的思想品德、知识、爱好、生理特征、性格特征等各种信息进入自己的大脑,分别储存起来。她从不以成人的想法、做法去框学生,而是千方百计设身处地为学生着想,理解他们的心情、愿望、欢乐、忧愁,从正面引导,积极为学生"出谋划策"。于漪说:"知心才能教心,师生之间共同语言多,那根'独特的琴弦'就会发出特有的音响。"

正是这样的精雕细刻,于漪驰骋40余年,她培育的一批批人才如雨后春笋,茁壮成长,挑起了建设祖国的大梁。

二、多功能,立体化:无恒的课堂教学模式

所谓"无恒",即不固定。于漪的课堂教学结构的最大特点就是教无定法,学无定式,变化多姿,灵活多样,从来没有固定的一成不变的模式。因此,上海的张扬之先生称道于漪为"没有固定模式的特级教师"。于漪这独具特色的、没有固定模式的个人教学风格,可称为"无恒的课堂教学模式"。这种"模式"基于对语文教学多功能的认识,组成了一种立体化的课堂结构。

(一) 多功能有机组合

语文课较之其他课,最显著的特点是多功能和综合性。于漪认为,语文学科是一门方面多、综合性强的学科。从知识方面来说,有字、词、句、段、篇、语法、修辞、逻辑、文学常识;从能力方面来说,有听、说、读、写;就语文本身来说,要考虑各类知识、各种能力之间的关系;就语文与其他学科的关系来说,又要注意配合、依存、渗透、促进;还有,语文教学还须十分注意学生智力的开发,尤其是思维力的发展,因此语文课具有综合性。正因为语文课具有综合性这一大特点,所以教师设计课堂教学时必须考虑怎样才能充分发挥课堂教学的职能。影响语文课堂教学职能的因素是多方面的,就知识而言,既有教师传授知识的质与量,又有学生接受知识的质与量;就能力而言,既有教师训练学生能力的质与量问题(如程度的难易、分量的轻重、层次的高低、角度的大小),又有学生语文能力训练的质与量问题(如信度、速度、幅度、角度、程度等);就发展智力而言,根据传授知识、培养能力的质和量,在观察力、思维力、记忆力等方面的开发有所选择,有所侧重。所以,教师在组织课堂教学

时必须综合考虑以上众多的因素,使教与学有机结合,使知识、能力、智力有机结合,协调发展。这样才能发挥语文课多功能的职能作用,课堂教学才会由平面而立体,知识覆盖面才广。能力训练多角度、多侧面,学生可获得多方面的培养,思想情操相应受到熏陶。这样,课的容量丰厚,效率会大大提高。

(二)立体化有序结构

较长时间以来,语文课无论是哪种类型,往往以平推的居多,以平面展开为最常见,也最顺手、最省力。于漪认为,这种课堂结构的效率较低。要改变这种状况,就要变平面型为立体化,要使思想、知识、能力、智力融为一体,发挥语文多功能的作用。基于这种认识,于漪在语文教育改革的实践中创立了著名的"点、线、面、体"教文育人立体教学体系。"点"即课文,每课必精心设计,知识传授、能力培养、智力发展必须落到实处,作出严谨而科学的安排;"线"即各种文体,教学中既成序列又彼此统筹兼顾,相得益彰;"面"即全局,对目的和任务、内容和训练作总的科学安排;"体"即文章的文与道、情与理、内容与形式、思想性与艺术性,彼此交融,熔于一炉。要实施这一立体化教学体系,于漪认为教师在上课前就须精心设计,把教材的逻辑结构和教学过程的程序结合起来,探索最佳结合点,特别要注意处理好教师与学生在课堂上的关系。这种关系组合得好,就可使课堂形成陶冶思想、传播知识、训练能力、开发智力的立体通衢,大大提高课堂教学效率;反之则会阻塞信息通道,大大降低教学效率。

于漪认为,在语文课堂上,学生是学习的主人,"教"是为"学"服务的,"教"不是统治"学",也不是代替学生"学",教师的教是启发学生"学",引导学生"学"。教师组织课堂教学不应从"教"出发,而必须从学生的"学"出发。基于这种认识,于漪认为语文课堂上教师以教材为依据,和学生进行思想、知识、能力交往的最合理构成应该是:

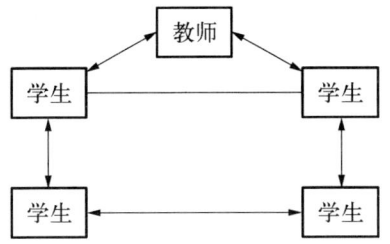

这种结构为什么说是最合理的？于漪认为它有七大优点。其一，教学过程是个脑力劳动过程，师生共同参与，形成了一个整体。其二，教师的"教"作用于全班所有学生，学生积极性得到极大的调动，既向教师反馈，又与同窗交流。其三，形成了思想、情感、知识、能力、交流的立体网络，信息量大大增加，传递的渠道畅通无阻。其四，在特定的教学活动中，学生之间不仅可以切磋琢磨，而且能充分发展个性与才能，广泛的知识信息交流常常是促酶剂，促使学生正常发挥乃至超水平发挥。其五，表现了"能者为师"的特点，教师和学生一起参与教学活动，既引导学生"学"，又从学生的"学"中得到启发，验证课前设计的正误，收到教学相长的效果。其六，发扬了班级教学的优点，在同一时间内教授很多学生，可克服班级教学不重"区别"的缺陷。这种"辐射式"教学网络，只要教学内容适度，教学环节安排得当，各层次的学生均可有所长进。其七，课堂气氛活跃，学习情境优化。正因为有这七大优点，所以这种立体化、网络式课堂教学结构是最合理的，它使空间充实，时间紧凑，发挥了语文多功能的作用，能大大提高教学效率。

（三）灵活性无恒模式

于漪的语文课堂教学执意追求的是一种教无定法、学无定式的变化美。不同的文体，她有不同的设计；相同的文体，她亦有不同的设计；她常将讲、思、答、议、评有机结合起来，常取启发式、学导式、自学式、三主式等有效模式之长而自成风格，独为一体。

于漪教记叙文,突破了传统教法的囿苑,做到线索以情牵,析文抓关键;依据三路(写的思路、教的思路、学的思路),确定导法;把握准契机,移情于学生。她教议论文则独辟蹊径,创造一种为学生喜闻乐见的形式,常常归类组合,分组教学;以比(比较)引趣,循文索旨。她教说明文则重在讲之以序,教之以趣,以图入课,强化直观。她设计文学课教学则不受流俗左右,在进行基本训练的同时,着力培养学生的审美情趣,通过文学熏陶和思想教育来强化教学效果。她设计文言文教学,不拘泥于疏通文字、分析内容与写法,而是大胆改革,不落窠臼。例如,她有时借助朗读,让学生感知和理解课文内容;有时结合课文补述些历史资料,为学生通解全文雪中送炭;有时从实际出发,有针对性地设计讨论题,培养、提高学生对古代诗文的鉴别欣赏能力;有时则着眼于培养学生自学能力,采用课堂作业形式,让学生整理文中的重点实词、虚词及其用法。

如果说不同文体、不同类型课文的教学,采用不同的课堂设计使教学灵活多样,摇曳多姿,那么同一文体、同一类型的课文采用不同的课堂设计则不易把握,颇费斟酌。但是于漪对此却驾轻就熟,左右逢源。仅以记叙文教学的课堂设计为例即可见一斑。她教《记金华的两个岩洞》,以填空题"如(见)其(人),如(闻)其(声),如(临)其(境)"引入新课,一下子牢牢吸引住了学生,然后分层次设计了四个思考题,每一个层次重点突出,层次与层次又注意了有机的过渡,引导学生认真读书、思考、议论、答问。她设计《茶花赋》的课堂教学时,紧紧抓住"心都醉了"的"醉"这一传神的关键词,运用前呼后拥的方法,着力敲打,讲深讲透,然后引导学生联系全文琢磨"醉"字引出了怎样的一种优美的意境。她教《记一辆纺车》则从构思的巧妙角度挑起矛盾,让学生饶有兴趣地仔细思考、推敲;教《秋风萧瑟》则提出事关主题的问题让学生联想,引导学生驰骋于曹孟德的《观沧海》、毛泽东的《浪淘沙·北戴河》的宏阔意境之中。她设计《珍珠赋》教学时,估计学生不明白"芙蓉花开的日子"是什么季节,就让学生自学课文、自查工具书,自己去做文章;在分析本课的思想内容和写作特色时则大胆采用"放"的做法,让学生评论课文的得失,学生不仅在语言上咬文嚼字,辨微析毫,而且涉及内容、结构、文风的探讨,有的学生直言不讳地指出了写于1972年的这篇文章的"帮八股"流毒。

正是这种无恒的课堂教学模式,使于漪所教的学生具有思维敏捷、思想活跃、视野开阔、知识广泛、能力较强的特点,这正是于漪"教文育人"的教学观期望达到的目标。

三、重情趣,寓美育:独特的语文教学方法

如果将当代中国语文教育改革名家的语文教学方法作一比较,那么于漪区别于其他名家的最突出的风格便是三个字:情、趣、美。"情"即感情,情境;"趣"即兴趣,趣味;"美"即美感,美育。重情、尚趣、寓美,正是于漪集40年教学之精华而形成的独特方法。

(一) 以趣激趣,粘住学生

苏联著名教育家苏霍姆林斯基说:"所谓把课上得有趣,这就是说:学生带着一种高涨的、激动的情绪从事学习和思考,对面前展示的真理感到惊奇甚至震惊;学生在学习中意识和感觉到自己的智慧力量,体验到创造的欢乐,为人的智慧和意志的伟大而感到骄傲。"(《给教师的一百条建议》)的确,每一位教师都想把课上好,把学生牢牢地吸引住。于漪常说:语言不是蜜,但可以粘东西。这种"粘力"就是牢牢吸引学生的魅力。怎样才能使课堂产生吸住学生的巨大魅力?于漪认为,首要的问题是兴趣,是激起学生的兴趣。"兴趣往往是学习的先导,它是推动学生掌握知识和独特能力的一种强烈欲望。"教师能够以有趣的课堂设计、教学思路、教学语言激起学生的学习欲望,使之产生浓厚的兴趣,那

么就能"粘"住学生的注意力,使课堂生动活泼,趣味盎然。于漪以趣激趣,粘住学生的主要方法是:

第一,新而生趣。中学生有好奇好胜的特点,新异的刺激物能引起他们的定向探究活动。这里所说的"新",包括新的生活,新的内容,新的知识,新的能力,新的角度。于漪十分看重选取当今社会新生活的活水充盈课堂,让时代的春风轻轻拂动学生心田的绿水,再让生活的活水、心田的绿水汇入时代改革的大潮,卷起催人奋进的朵朵浪花。她教《少年中国说》正值中华人民共和国成立35周年大庆,阅兵、游行、礼花的场景仍历历在目,她让学生口述盛况,突出新生的少年共和国正阔步前进。新的内容、新的知识引入课堂,不仅能扩大课堂容量,而且可开拓学生视野。有一年3月5日,于漪从自编阅读课本中选取了何为的课文《春夜的沉思和回忆》以纪念周恩来总理的诞辰。上课伊始,于漪让学生背诵早晨读熟的泰戈尔的诗《某人》,接着板书了泰戈尔《飞鸟集》中"让死者有那不朽的名,但让生者有那不朽的爱"这两句诗。课文学到悲愤处,她又和学生齐诵赵朴初的《金缕曲·周总理逝世周年感赋》。课文学到结尾处,她又让学生齐背杜甫七律"丞相祠堂何处寻"。整个课堂充满了诗意和激情,学生产生了强烈的学习兴趣,诚如布鲁纳所说:"对学生的最好刺激,乃是对所学材料的兴趣。"选择新的角度也能激发学生的学习兴趣。于漪指导学生阅读同是描写景物的散文,常根据课文各自的特点选择不同的入口处:或以画面来展现一幅幅图景;或以时间为线索拾起变化中的景物;或抓住文章的"眼睛"、牵动全文的关键词引出景物的特征;或先领略景中之人,再理解人物所依之境;或整体理解,打好轮廓,再由粗而细;或先细部,笔笔增添,再得完整图画。凡此种种,不胜枚举,角度新颖,兴趣倍增,学生会乐此不疲。

第二,疑而生趣。学习内容固然能激发学习兴趣,而学生的智力活动本身更能激发学生浓厚的兴趣。因为学生能在思考解疑的过程中

"意识和感觉到自己的智慧力量,体验到创造的欢乐"。于漪的语文教学,常以疑促思,以思生趣。她在语文教学大纲指导下有目的、有步骤地启发学生生疑、质疑、解疑、再生疑、再质疑、再解疑;启发引导学生在学习过程中爱思、会思、多思、深思。于漪认为,"疑"是刺激学生积极思维的诱因、奋发学习的动力。她常在学生不易生疑处设疑,挑起矛盾让学生进入疑惑状态。她教臧克家的《闻一多先生的说和做》,学生对闻一多"'望闻问切'只是在'望'的初步阶段",这一段话只是扫视一番,觉得并无疑难。于漪却设置了三个问题:"望闻问切"是怎么一回事?"目不窥园"只是一般的形容吗?杜甫晚年一个月不梳头又是怎么一回事呢?原来这三问涉及中医理论和诗文典故,教师解疑,学生豁然开朗,求知的兴趣陡然增加。

第三,比而生趣。有比较才能有鉴别,人们认识事物往往是通过比较两事物之间的异同、特点而认识的。于漪的教学常对内容相同而文体不同的文章进行写法不同的比较,以激发学生学习兴趣,增长知识,培养能力。她教《晋祠》,先让学生听写《中国名胜辞典》中关于晋祠的条目,再指导学生看《阅读手册》中吴伯箫写的有关晋祠的内容,然后引导学生仔细阅读课文,将课文与"条目""手册"三者反复比较,使学生自己悟出不同文体对同一事物的不同写法,加深了对散文、说明文各自特点的认识理解。她教《在马克思墓前的讲话》,抓住传神之句"停止思想",并将其与"停止呼吸""心脏停止跳动"两句进行比较,引发学生的兴趣,让学生从马克思与常人的比较,马克思与恩格斯的伟大友谊,马克思作为思想家与一般名人的显著区别几方面去比较,让学生体会恩格斯用"停止思想"来表达马克思的逝世的用意所在和准确地遣词造句的妙处所在。于漪运用比较法,使学生学得有趣、有味,觉得这种方法有益、有用,深感"知之者不如好之者,好之者不如乐之者"。学生被于漪的妙法牢牢"粘"住了。

(二) 以情激情,感染学生

于漪教学,感情丰沛:或温情脉脉,如春日载阳;或热情饱满,如炎炎夏日;或激情澎湃,如沧海洪波。她以自己感情的汩汩泉水,激起学生心海的层层浪花。凡受教于她的学生,莫不为之激励感染;凡聆诲于她的老师,无不为之加额称善。于漪情感教学的宗旨是以文寻情,以情传道,以道育人。遵循这一宗旨,她教学的思路常为:寻情→激情→达情。

第一,寻情。刘勰在《文心雕龙》中指出:"夫缀文者情动而辞发,观文者披文以入情。"于漪认为,自古及今,一篇篇名诗佳作,之所以传诵不衰,常读常新,就是因为作家文人笔墨饱蘸着自己的思想感情,甚至凝聚着心血和生命。所以,她在备课时,"披文以入情",常常饱含感情,去寻找自己感情与课文感情的契合点、律动点,让自己的感情随着课文的感情变化而变化,从而"进入角色"。她认为,如果教师备课时的心弦未被扣动,那么上课时很难以情感人,打动学生。她一旦寻找到了感情的突破口,便紧紧抓住这稍纵即逝的"情感思维",把它作为全篇课文教学的契合点和文眼。比如她教《荔枝蜜》时,抓住"蜜";教《茶花赋》时,抓住"醉";教《海滨仲夏夜》时,抓住"变";教《卖油翁》时则抓住"沥"。抓住了这些文眼,就找到了感情突破口。

第二,激情。以情激情,情可感人。于漪上课时沿着备课时寻找到的感人线索,紧扣感情的突破口(文眼、诗眼),满怀感情,分析课文。通过讲读的训练,把无声无情的文字变为有声有情的语言,生动地再现作者的思想感情,使文章如出我之口,如出我之心,让文中所写的景和物、人和事、情和意、理和义猛烈地叩击学生心扉,在学生心中引起共鸣。于漪教《茶花赋》就是以情激情的范例。她紧扣备课时抓住的作为感情契合点、突破口的一个"醉"字,运用前呼后拥的方法以情激情,在"醉"出现之前,先扣紧词句帮助学生理清作者在异国他乡思念祖国的感情线索,然后用感情上的"低谷"——就搁下这桩心思的"搁",来呼唤感情上的高峰"醉"的出现;在剖析作者收藏起来的奔腾感情时,她饱含感情,引导学生,运用旧知识——背诵《题西林壁》《望庐山瀑布》《饮湖上初晴后雨》等诗,大力渲染铺垫,让祖国山河的无限风光在学生胸中激荡,水到渠成地呼出了"醉"字。这就是"前呼"。紧接着用重锤敲打"醉"在文中的含义,饱蘸感情地指出:"醉"是全文传神之笔,二月的南疆,花红水绿,春意盎然,作者离开了畸形发展的资本主义国家,一踏上春光明媚的社会主义国土,就像喝醉了葡萄美酒一样,感到甜美、欣喜、兴奋和陶醉。"醉"是个平常的字眼,用在这里,却倾注了作者对祖国的满腔热情、满腔爱。在异国他乡的思念,归国的喜悦,旅途的急切,踏上国土的激动等感情通通由此得以淋漓尽致地表现。继学生初步理解体会"醉"字的妙用之后,再用"后拥"的方法,要求他们领略"醉"字引出的优美意境。此时,学生热爱故土、热爱祖国的感情随着作者、教者一齐鼓荡,仿佛自己便是万里归国、十年还乡的海外游子,徜徉于茶花似海的优美意境,流连于可亲可爱的南国边关。学生的爱乡爱国的情操得到陶冶,育人的目的也就不显山不露水地达到了。

第三,达情。学生有了感情的积累,便会产生表达感情的欲望。教师就此因势利导,常可使学生神思飞越,感情激荡,"思接千载,视通万里",写出情感真挚充沛、联想广泛、想象丰富,意境优美的文章。于漪情感教学的第三个环节便是如此,她的写作教学所追求的是:学生思风发于胸臆,言泉流于笔端,能写出情真意切、文从字顺的文章。学生的作文如何达情传意?于漪主要抓了三思,即思想,思维,思路。她认为,文章的光彩在于"思想的发光",并通过高远深刻的立意,让学生在写作中受到自我教育,达到育人的目的。有了闪光的思想,还得有灵敏的思维。于漪十分重视思维中的"想象",常常鼓励学生在作文时由此及彼、由纵而横地展开想象,"观古今,括四海",天上人间,纵横驰骋,创造出种种新形象、新图景,甚至是神奇的图画。她还探索出了一整套在有限的课堂内开拓学生无限想象的有效方法:选准想象的触发点(如关键词语、精彩比喻、生动图像);调动学生的知识储存和生活经验;采用充满情趣的方法促使学生脑中展现立体图景(如作图法、手势法、比较法、续文法)。因为于漪指导得法,训练有素,所以学生的作文往往感情丰沛真挚,想象奇特瑰丽。比如写《八十年代畅想》,学生思想活跃,感情奔放,有的想到自己成为宇航员,从月球上观看美丽的蓝色地球的情境,并征引张孝祥《过洞庭》的诗句"尽挹西江,细斟北斗,万象为宾客"来描写20年后在月球上师生欢聚的情境,抒发了学好过硬本领,勇攀科技高峰的豪情壮志。这就实现了培养为国争光,为人类造福的人才的育人目的。

(三)以美塑美,陶冶学生

教育者在塑造青少年灵魂的过程中,重要任务之一就是把美感、把人类许多世纪创造的美变为每个学生的心灵财富,变为他们认识世界的审美素养,这便是美育。于漪的语文教育十分重视以美塑美,以美育人。即以课文中、社会上、自然界美好的人物形象,事物景象和教师美好的生活的语言塑造学生灵魂,陶冶学生情操,从而塑造出一代青年的美好形象,培育出德才兼备的四化建设人才。美育是于漪全方位育人的重要内容和高层次追求。

于漪根据语文课审美因素的特点,将审美教育分为三个层次。

一是发现美。著名艺术家罗丹曾说,生活中到处有美,对于我们的眼睛不是缺少美,而是缺少发现。于漪语文教学中的审美教育,首先是善于鼓励学生做美的发现者。她认为,教材是语文教学中审美的客体,它虽然没有跳动的音符,美丽的线条,丰富的色彩,绚烂的雕塑材料,但是它有结构规范,音韵铿锵、错落有致的优美的文字,有众多栩栩如生的美好的文学形象,有许多令人心旷神怡、神思飞越的美丽的自然风光,还有不少造福人类的科学知识、使人奋发的人生真理。于漪在教学中努力发掘,善于引导学生发现这些美好的东西,使学生幡然领悟到教材处处皆有美,让学生在这美的世界里拾贝探宝,采矿炼丹,含英咀华,寻美怡情。除了教材,于漪还把学生领出课堂,引入大自然,带进社会大千世界,引导学生以敏锐的眼光发现大自然里的名山大川、风花雪月的美丽景色,发现社会上见义勇为、助人为乐、高风亮节、勤勉奋斗的美好人物,从中受到美的陶冶,看到美的榜样,还可积累写作素材,为表现美、创造美奠定基础。

二是感受美、欣赏美。于漪在语文课堂教学中,着力再现课文的情境,引导学生进入作品的艺术境界。于漪认为,语文课中的审美教育主要靠形象感染来实现。因此,她剖析课文人物形象时都是有血有肉的分析。她分析《七根火柴》中无名战士的形象,抓住无名战士为革命献身,留给人间的最后一个动作"用尽所有力气举起手来,直指着正北方",以悲壮的语调、富于美感的语言描述这一特写镜头,然后又以饱蘸感情,包寓美感的语言分析这"举"和"指",那只手指向的北方,是中华儿女前进的方向,是中华民族的希望所在。这个动作,寄托着无名战士对战友的无限希望,表露了无名战士对革命事业的赤胆忠心和必胜信念。这时,无名战士高擎着的手在学生眼前不断地伸展,战士形象越来越高大,震撼着学生的心灵。通过这样的描述分析,学生感受和欣赏了无名战士形象的悲壮美、崇高美,学生心灵得到了净化,思想得到了升华,情操得到了陶冶。于漪善于引导学生感受、欣赏课文中的人物、景物形象的种种美:或激扬斗志的壮美,或悦情怡性的优美,或催人奋进的崇高美,或令人断肠的悲剧美,或发人深思的喜剧美。通过感受美、欣赏美,提高了学生辨别真伪、区别美丑、识别善恶、鉴别优劣的审美能力。

三是表现美、创造美。于漪善于在学生发现美,感受、欣赏美的基础上,利用学生已有的审美积淀,尽量让学生在听、说、读、写的训练过程中去表现美、创造美。在听、读训练和听课过程中,引导学生运用联想和想象创造出一幅幅美丽的自然画卷和人物画卷;在说话写作训练中,引导学生将所学课文的形象美、结构美,所见的景物意境美,所见人物的性格美、心灵美,以富有美感的语言表达出来,创造出新的形象、新的意境,让其余学生受到感染和陶冶。表现美、创造美,是美育的最高培养,这个过程,不仅是学生充分发挥主观能动性和聪明才智的最佳过程,也是学生自我教育、自我完善的最佳途径。

四、缘文释道,因道解文;文道统一,以道育人:语文教改的理论基础

于漪语文教育改革的"立体化施教,全方位育人"的思想,有其深厚的理论基础,既有古代文论的渊源,又有现代教育学的依据,总体来看,其理论基础是缘文释道,因道解文;文道统一,以道育人。

(一)古代文论的渊源

"文"与"道",本是中国古代文论中的术语,其原意一般是指文章的形式与内容。文道统一,本来也是古代文论中的重要命题。

早在南北朝的齐梁时代,刘勰就提出了"文以明道"的观点。他说:"原道心以敷章,研神理而设教","道沿圣以垂文,圣因文而明道"(《文心雕龙》)。不过,刘勰在这里所说的"道"是指日月垂丽天、山川铺地形的"自然之道"。"文"指文章(含辞、赋、歌、诗)。在他看来,"道"是文章的本原,"文"是明道的工具,人们应该重视文章内容,也要重视文章的形式(声律、对偶、丽辞)。刘勰的意旨在于强调"文道并重",反对当时崇尚骈偶(形式)而忽视内容的流弊。

此后,唐代古文运动的主将韩愈提出"文以原道","约六经之旨而成文";柳宗元则与刘勰一脉相承,强调"文以明道";著名诗人李贺则提出"文以贯道"。韩、柳、李所说的"道",是指"传六经之旨"的儒家道统,他们所说的"文"则指古文的文气、词达之类。他们也主张文道统一,但偏重于道。

到了北宋,大儒周敦颐鲜明地提出"文以载道也"(《通书·文辞》)的主张。"文以载道"这一观点影响极其深远。周敦颐认为,文章是载道的工具,并且只是载儒家一家之道的工具。这一观点显然是重道轻文,为后来的程朱理学把儒家推向极端开了先河。

时至元代,郝经对文道关系有较为精辟的论述,他说:"道非文不著,文非道不生。"郝经主张文道统一,揭示了文道之间相互依存、不可分割的整体关系。

中华人民共和国成立后的50年代,语文教育界借用古代文论的概念,曾对文道关系展开过热烈的讨论,有的主张"文以载道",有的主张"文以寓道",有的主张文道并重。80年代初,又展开了文道关系的大讨论,除承袭50年代的几种观点之外,有的还主张"道附于文""教文舍道",认为语文的任务就是"学文",至于"传道",则是政治课的任务,因而出现了重视语文双基而轻视或忽视思想教育、情操熏陶、道德培养的倾向。

针对80年代初的不良倾向,根据古代文论的可贵探讨,于漪的语文教育改革鲜明地提出了"教文育人""文道统一"的主张。于漪的这一主张,既继承了古代文化的优良传统,吸收了古代文化的精华,有着古代文论深远的渊源,又融入了新时期教育工作者的责任感和使命感,吸收弘扬了语文教育改革中的新经验和新理论。于漪"文道统一"中的"道",不再只是泛指文章的思想内容,它指的是文章思想内容的教育,包括道德情操的培养,健康感情的熏染,爱国主义精神的教育,社会主义共产主义思想的渗透,高尚审美观的培养等。其中的"文",不再只是泛指文章的语言形式,它指的是语言形式的教育,包括语文基础知识的传授，读写听说能力的培养，智力的开发，语文习惯的养成，语文兴趣的激发等。她在《渗透与滋润》（载《语文学习》1985年第2期）中说："语言文字是表情达意的工具……'诗言志'、'文载道'，这就决定了语文课的基本特点：工具性和思想性。教学中必须既授文又传道，二者要有机结合，辩证地统一起来。""只有缘文释道，因道解文，二者结合，才能把语言文字教'活'，才能充分发挥它的工具作用。"因此语文教学中要"认真地坚持文道统一的原则"。于漪认为，各科教师都担负着教书育人的双重任务，而语文教师较之其他学科教师，在塑造学生心灵方面更负有特殊任务，因为语文教材本身优美的语言、生动的形象、鞭辟入里的道理、丰富高尚的感情，能产生极大的感染力。因此语文教师要自觉地担负起教文育人的双重任务。她在《我的语文育人观》（载《语文学习》1988年第12期）中又强调指出，语文教学"要善于缘文释道，因道解文，既废除离开字、词、句、篇的架空说教，又力戒置思想内容于一旁的支离破碎的词句理解，力求把思想教育与语文训练有机地结合起来，水乳交融，使学生思想上受教育，感情上受熏陶，语文能力获得有效提高"。由此可见，于漪多年的语文教学，既注重教文，又注重育人，既注重"道"的渗透，又注重"文"的传授，从而使教书与育人，传道与授文有机地结合起来，形成自己独特的"立体化施教，全方位育人""文与道统一"的教学风格。

（二）教育学的依据

于漪的育人观不仅渊源于古代文论，植根于现代教改，而且依据教育学的理论，还与她个人的成长紧密相关。

作为语文特级教师、当代语文教育改革名家，于漪的成长经历与其他语文名家不同。她生于历史名城镇江，长江水哺育她成长，金焦二山秀丽的景色给她以良好的熏陶，满眼风光的北固楼在她心中播下了忧国忧民的种子。中学时代，语文老师声情并茂的讲解，使她对中外文学名著着迷；多位优秀老师的影响，使她立志作一位深受学生尊敬和欢迎的好老师。中学毕业报考大学时，她以为当教师就应该读教育系，研究教育，因此毅然填报了教育系，被录取入复旦大学教育系。大学四年，她扎扎实实地系统学习了教育学理论。1951年她大学毕业后踏上工作岗位，教的却是历史。1959年终于如愿以偿，改行教语文。由此可见，于漪成长的经历，尤其是大学四年所学的教育学理论，对她的育人观的形成产生了极大影响。

教育学的主要理论包括：教育的本质是教育与人的发展的关系，于漪就十分重视学生思想、能力、智力的发展。教育的目标是"培养有社会主义觉悟的有文化的劳动者"。于漪则注重全方位育人，以一片爱心研究学生，以正面教育激励学生，以培养目标吸引学生。她教在今天，想到明天，以明日建设者的德才要求指导今日的教育、教学工作。教育学的教学原则要求科学性和思想性统一，要求富有启发性、循序渐进、因材施教，于漪的多功能、立体化的无恒课堂教学模式正是遵循了这些原则。教育学中的德育内容包含爱国主义和国际主义教育，革命理想和革命传统教育，辩证唯物主义观点教育，社会公德教育等，于漪每篇课文的教学，都注意渗透上述某一方面的教育。德育过程是知情意行的过程，于漪则注意在教育中培养学生对人的是非、善恶的认识评价，对事物的爱憎、好恶的正确态度，尤其是以高尚的道德情感激发学生、感染学生、滋润学生，注意以文寻情，以情传道，以道育人。教育学规定的美育的主要任务是"培养学生正确的审美观念，使他们具有感受美、理解美以及鉴赏美的知识和能力"。于漪则十分重视以美塑美，陶冶学生，引导学生发现美、欣赏美、感受美、表现美和创造美。

由此观之，于漪的"立体化施教，全方位育人"的语文教育改革，时时注意了贯彻教育学的原理，处处注意了遵循教育学的原则，深受自己早年所学教育学理论的影响。

五、春风化雨,桃李芬芳:语文教改的实践意义

于漪"立体化施教,全方位育人"的语文教育改革,不仅具有深厚的理论基础,而且具有重要的实践意义。诚如参加"于漪从教40年教育教学思想研讨会"的全国300多位语文专家、学者的一致看法:"于漪的教学理论与实践是我国语文教学界丰富和宝贵的财富。于漪语文教学改革的思想与经验对当前中学语文教学的实践,具有重要的意义。"

于漪语文教育改革的实践意义主要表现为下列三个方面。

养德成才,学生人人可望可即。于漪教改的目的,是全面发展学生的能力、智力、思想和个性,培养德才兼备的四化建设的人才。这种培养和发展是全方位的,而不是某一个方面的;是面向全体学生,而不是只抓"尖子""优生"。在于漪的培养教育下,学生人人都可以得到训练培养,各方面都可以得到发展,即使是后进生,在她满怀爱心的细致关怀和因材施教之下,也可长足进步,迅速成长。她曾将许多"调皮大王""捣蛋鬼"培育成才。其中有一位捣蛋鬼刚到她班时曾对她天真地说:"我妈妈说,我这个捣蛋鬼能考取你们学校,是额头戳破天花板,说我是学不好的,要被老师赶出来的。"的确,这位学生文化基础很差,习惯也很差。可是于漪以敏锐的目光发现了他思维活跃、点子多的优点,长善救失,因势利导,循循善诱,终于,这位"捣蛋鬼"的思想、品德、习惯、学业成绩发生了飞跃,考取了大学。这类例子不胜枚举,如前所述的4个口述能力差的学生的进步成长也是富有说服力的范例。于漪教过的学生,语文水平的提高也是十分显著的。例如80届初三(1)班升学考试合格率达100%,优秀率高达40%;仅1981年,她所教的学生就有19人先后在各种报纸杂志上发表了习作。可见,于漪育人的实践意义具有整体性和普遍性。

教文育人,教师人人可作可为。于漪的"立体化施教,全方位育人"决不是象牙之塔的空洞玄妙的理论,也不是高不可攀的巨树危峰,而是

每位教师都可以操作、可以尝试,且可望有所作为、有所成功的经验升华。铁岭中学的杨志芬老师说:"于漪老师文道结合的教学经验使我深受启发,我感到作文教学也可以贯彻文道结合的原则。"她在评讲《在烈士墓前》的作文时运用这一原则,收到了良好的效果。辽阳中学的俞曼菁老师说,以前她对文道结合的认识不足,认为语文教师的任务就是教"文","道"是无足轻重的。通过学习于漪老师的经验,认识到"文中寓道,讲清了道,文字就有了生命"。上川中学的杨秀娣老师学习于漪的经验后,在语文教学中有意识地把握了三点,取得了显著成效:一是深刻理解课文所寓之"道",二是明确我们给学生什么"道",三是设计"道"放在什么环节传授最合适。可见,于漪文道统一的育人观的实践意义具有指导性和可操作性。

实践效益,社会人人可闻可见。于漪语文教改的实践效益在社会上产生了广泛的影响,受到社会的普遍赞誉和高度评价。陶小东在《情思横溢》一文中对于漪注重情感渗透,通过背诵名诗创造意境,让学生为情所动的教学评价甚高。陈汉昌对于漪运用比较法讲授说明文倍加赞赏,认为这种训练活动突出了语文多功能的特点,"这是教学艺术,也是高效率的保证"。陆一的《纸花与鲜花》对于漪如何正面教育、引导学生,发挥语文教学、育人功能推崇备至,认为这是教学过程中的一种很高明的境界。著名专家谈家桢、张志公、罗竹风、陈伯吹撰文赞扬于漪在学问、道德、教书育人三个方面的卓越成就。全国中学语文教研会理事长、教育专家刘国正在听了于漪讲课之后深有感慨、十分佩服地说:"我坐在学生中间,思想化到了讲课中去,忘记了自己是听课者。有人说,听于老师的课,是一种艺术享受,的确是的。"(引自陶本一《真诚——记于漪》)综上所述,足以表明于漪语文教改的实践意义具有典型性和社会性。

于漪语文教育改革的思想、主张和方法博大深广,尺幅难尽;她勇于开拓创新，不断攀登进取的精神标风立范，催人奋进，谨以刘国正先生祝贺于漪从教 40 年的五律作为结语：

> 风雨崎岖路，书灯四十年。
> 文心传要妙，教理跻崇巅。
> 海阔鱼知乐，秋高霜逾丹。
> 已欣桃李遍，九畹更滋兰。

（原载《当代中国语文教育改革名家评介》。成都出版社 1993 年版。）

于漪的学术境界

胡治华

于漪，中国特级教师群体的优秀代表，当代语文教育界具有鲜明学术个性和广泛影响的标志性人物之一。

整整半个世纪了，于漪一心着力于学生的发展，把语言教育和思维锻炼、情感熏陶、人格培育化为一体，实践和理论两手都硬朗，一步一步，蹚出了一条承前启后、沟通中外的宏富之路，站立在中国语文教育研究的前沿。

根系，在教育热土中伸展不息

于漪有强烈的理论渴求，但她从来不是为研究而研究，而是为解决实践中的问题而研究，是一个始终不曾离开教育教学一线的研究者。

于漪是揣着教育系毕业证书跨出复旦大门的，先教心理学，又教中学历史。站在语文教育起跑线上的于漪是什么模样？

"非科班出身"的于漪一开始就认定语文教学的主要任务,是帮助学生打好理解和运用祖国语言文字的底子。自问虽然从小喜爱阅读与写作,但功夫还不到家。她迅即采取行动,实现"三年磨一剑"的目标。就是说,针对自己的软肋,集中三年时间,三管齐下,为终身从事语文教育而强化专业地基。(1)自学高中语文教学涉及的各种汉语言文学专业知识,大量阅读古今中外经典作品,并以"出口成章、下笔成文"为标杆,迅速提高自己的语言表达能力;(2)向实践、向同行和学生学习,用10个小时、20个小时准备一堂课,《论"费厄泼赖"应该缓行》一备30多个小时,反复钻研数十篇、上百篇教材,用规范的语言写成教案,把课上要讲的每句话背下来,再脱开教案讲课,课后必写教学后记;(3)结合自修语文的深切体验,关注当时语文教育思想的论争,留意教学改革的动向,初步形成自己的想法。

她下的功夫中,苦读苦练、天天"明灯伴我过午夜"的板凳功固然令人钦佩,但她的田野功、特别是反思功更为可贵。同样是从教育田野上闯过来的顾泠沅,常说于漪第一年撇开任何"教参"逐字逐句写教案,第二年搜罗所有"教参"改教案,第三年整合新的体验再度重写教案,改行三年就成为语文骨干教师。这一概述也许偏简,但是由这类个案导出的"实践+反思=成功"的教师发展"公式"却很有哲理意味。

重要的在于反思,在实践中不断反思。就于漪而言,这是一个无休止地、自觉地向自我挑战的过程,同时也就是一个语文教育的行动研究过程。很快,她的关注重点开始转移到现实情境和她自身教学中存在的某种形式主义的倾向。《把语文课上得实惠一些,朴实一些》是于漪1964年发表的教改心得,充满自我剖析、锐意创新的反思精神。

"文化大革命"对于漪的身心摧残严重。但是有足够的材料表明,这段异样的历史从心灵深处推进了于漪对语文与人、教育与人、时代与人的独立思考,增强了她在哲学层面的反思——批判理性。她认为,长期以来,在我们这块土地上,复杂的事物简单化很容易被接受,语录式的、口号式的东西容易流行。但简单化绝对化的断语,概括不了"人""教育""语文学科"等极为复杂的精神文化现象。她进一步跳出自己看自己,跳出语文看语文,跳出教育看教育。这种有着一定广度和深度的反思——批判精神,是后续教育行动的内在动力,又是后续教育研究的人文火种。

于漪的课,堂堂都是师生互动的"公开课"。一位年轻教师从1976年开始,随堂跟踪听了于漪3000多节语文课。她最深切的感受是,于漪从来不重复自己,即使是同一篇课文教第二、第三遍,也绝对不重复,每节课都是一幕美丽动人的人文景观。真正的理论来自实践,从实践中发现理论需要批判的眼光。伴随着这种高难度、高水平的课堂教学和其他教育实践活动,伴随着"一丝而累,以至于寸;累寸不已,遂成丈匹"的刻苦自学,于漪想而行,行而思,思而说,说而写,提炼成以语文教育理论探索为轴心的各类著述,数量可观。于漪的语文教育理论,浸透了于漪从教与学两方面行动中汲取的智慧。

写于1987年的《语文教学观念的更新》,可以视作80年代于漪语文教育行动研究的一份大纲。在这篇论文中,于漪概括了语文教育研究的五个要点,它们是:了解社会,把语文教学改革建立在对现代社会科学分析的基础之上;研究人,把语文教学改革建立在对教育对象个体和群体深入研究的基础之上;研讨语文教学的任务,使学生具有获取新知识的能力和运用知识于实践的能力,通过语言文字的学习与训练,扩充对生活的认识能力,发展思考力,丰富感受力;研究课堂教学模式和研究语文知识、技能的"核"与"壳"的问题;下点功夫学现代哲学、现代教育学、语言学、心理学、社会学,关注文学艺术上的讨论和进展,使语文教育理论和实践有更多的参照系,提高理论和文化素养。

正是由于具有这样的学术视野和思路,于漪的教育理论著述,从不就范于国内外各种"本本"所编制的"科研程式",执意舍弃种种"很专业、很学术"的话语。通常以广大语文教育工作者和研究者为交谈对象,针对特定时期、特定情境中的一个问题、一种倾向,从较小的角度着手,结合丰富的亲身体验,结合有特色的教例,朝垂直方向和水平方向宕开去,阐释富有创意的做法和相关的理念。

比如,探讨语文学科的性质任务。她说,我们可发现它的"家庭成员"众多,是个大家族;还可发现它的"社会关系"非常复杂,有那么多亲戚。如果不坚持辩证法的观点,往往单打一,就局部论局部,缺乏整体观念,弄得不好,把第二位的东西弄成第一位的,流连忘返,影响教学的健康发展。她还说,只在一条线上企求立竿见影,"见影"不"见影"很难说,即使见影,也只是瘦瘦的一条。

关于教与学的关系,于漪说,教师生涯中最大的事就是一个心眼为学生,就是为学生铺路,知心才能教心。学生是学习语文的主人,他们对学习的"内部态度"往往决定学习的质量。"教"不是统治"学"、代替"学",而是启发学生"学",引导学生"学",教师的教是通过学生自身的学习积极性发挥作用的。人生最可悲的是脑子硬化,思想僵化,教学之道在于使学生的脑子"活化",使学生开窍。

又如讲教师修养,于漪说,语文教师在学生心中应该是既"师风可学",又"学风可师"。教师要有丰富的智力生活。要紧的是功底、视野、驾驭力。要有拼命汲取知识营养的素质与本领,犹如树木,把根须伸展到泥土中,吸取氮、磷、钾和微量元素。在实践中学习,从书本里学习,都很重要。坚持把零星的宝贵时间有计划地用上,每天坚持半小时、一小时,一日不多,十日许多,天长日久是可观的。

于漪家小房间墙上挂有一个石膏像。有人偶然提及,于漪一时竟想不起来。日日在眼前的石膏像居然熟视无睹且忘怀了,这事如同警钟敲打着于漪。于漪自问:我在教学中是不是由于习以为常而对发生的问题熟视无睹？我会不会觉得教学勉强过得去，一切照"程式"办事而不思改进？我应该怎样探索语文教学中的新问题？她当即想到：眼下就须更多地掌握古今中外语文教学的经验，综合比较古人学语文、外国人学语文、中国人学外文、外国人学中文的情况……

针对语文学科性质的问题，于漪经历了艰苦的实践和反思。可以说，中小学母语教育的性质问题，是于漪语文教育研究的聚焦点。在这个方面，几度自我批判，几度自我超越，由此推进着她关于当代中国语文教育各主要问题的研究。时至今日，于漪仍然投入很多精力，密切关注着国内外关于这个问题研究的进展。她始终处在一种无间歇地自我挑战的状态之中。

立足于人学的平台发现价值

在语文教育领域，于漪内蕴着巨大的优势。她有一定的哲学基础，熟谙教育学和心理学，很快又熟悉了语言学、文艺学以及下位交叉学科文章学等讨论的主要问题，这就使她更多地不是从某一个专门的学科，不是从语文学科本位的立场，而是从多学科视角、从培养人的全局去认识作为基础教育一门课程的语文学科的性质和功能。

教育学并不像高校通用的教科书那样简单。不少学者越来越倾向于认为它是一种"复杂科学"，它的主题可说是研究"学习人"。于漪首先强调中小学是为学生明天做人、学习打底子的，语文学科是基础教育这个被她称为"地基工程"的一个重要"打桩阵地"，其独特的任务就是为学生能够正确理解和运用祖国语言文字打底子。她一贯重视"教育性教学"这个近代教学论研究的重要命题。从育人的高度、教师的崇高职责、语文学科的个性特点出发，语文教学应该也必须成为教育性教学，发挥教文育人的综合效应。于漪较早地形成了她的最关紧要的教育理念：教文要纳入育人这个大目标。她强调，离开了人的培养去讲文的教学,就失去了教师工作的制高点,也就失去了教学的真正价值。

为了从学理的层面,也就是从语文和语文学科的性质这个基点上说清楚教文育人这一观念的科学性、合理性,她不停地追问,学习,反思。整个80年代,于漪对语文学科性质的理论阐释有三次较大的进展。1981年上海教育出版社出版的《中学语文教学探索》是70年代末于漪语文教学实践与思想的首次综合评述。那时,进一步确认语言/语文是工具、语文学科具有工具性的观点,同时强调不能把语文课简单地归结为工具课,而应该注意这门课程的思想性。紧接着,80年代初期,强调语言/语文不仅是交际工具,而且是认知、思维的工具,全面思考语言和思维的关系,提出语文教学应以语言和思维训练为核心,同时继续强调语文学科的思想性。80年代中后期,开始思考语言/语文的文化内涵,阐释语文教育中综合培养学生的语言能力、思想素质、道德情操和文化素养的关系。

应该说,以90年代中期《弘扬人文　改革弊端——关于语文教育性质观的反思》和《语文教学要讲求综合效应》等论文的发表为标志,于漪实现了她学术道路上的一次重要跨越。她所提出的问题和阶段性研究成果,在语文教育界内外产生了广泛影响,推动了语文教育领域关于语言/语文、语文学科性质的新一轮深入的讨论。

于漪一直说,自己总是行色匆匆,对孩子来说,是个没有尽到责任的母亲。但有件事,她感到做得还可以。那是好些年前了,于漪要求孩子搜集有关我国历史的成语典故,指导他按照时代先后有系统地编一本书,使读者以成语典故来了解中国历史,又结合历史加深理解和记忆成语典故。孩子在编《历史·成语典故双读》的过程中,发现了中国成语典故的产生、发展、流传和历史文化条件有着密切关系。于漪联想到,语言教育要重视文化背景。

语文教育的"位"怎么定?于漪认为,首先得给语言定位,给汉语定位。人类用以认识自身的人文社会科学各学科,从不同的领域、层面、角度看语言,给出的定义各不相同。语言学各派发展的不同阶段,对语言的界定也不同。语文教育工作者完全可以结合母语教育的经验和思考,发表自己的意见。

20世纪90年代初、中期,于漪同美国密歇根州立大学教育学院和英国牛津大学教育学院的专家合作进行"师带徒职初培训模式"研究,并赴日访问,考察、掌握外国母语教育的课程标准和教材教法。对中国传统语文教学的脉络,重做一番梳理。经过一段时间酝酿,陆续发表《要重视文化背景》《机械操练何时休》《阅读教学误区辨》等文。《弘扬人文　改革弊端——关于语文教育性质观的反思》是一气呵成的。她说,这是"投石问路",看能不能引起讨论的兴趣。

从语文教育学的角度,怎么看语言?

于漪认为,语言不是人际交往的唯一工具,但是最重要的工具。在人类社会中,文化载体多种多样,但语文是最重要的载体。这种工具、载体,都是只有人类才拥有的符号,在符号的意义上掌握语言的工具属性,比较恰当。符号因意义而存在,离开意义,符号就不成其为符号。这就是说,语言不但有自然代码的性质,而且有文化代码的性质;不但有鲜明的工具属性,而且有鲜明的人文属性。各民族的语言不仅是一个符号体系,它装载着人类创造的精神文明,装载着本民族的优秀文化,是认识世界、阐释世界的意义体系和价值体系。

怎么认识和处理语文教育的工具性与人文性的关系?

于漪认为,一个事物有两个或两个以上的本质属性,不能简单地称之为"二元论"或"多元论"。语文学科作为一门实用而多彩的人文学科,一门多功能的育人学科,应该是语言的工具训练与人文教育的综合。我们进行的是母语教学,语言和文化不是两个东西,而是一个整体。没有人文,就没有语言这个工具;舍弃人文,就无法掌握语言这个工具。说语文学科具有人文性,绝不是排斥它的科学精神;说语文学科具有工具性,也绝不是削弱它的人文精神,不存在限制这一个,张扬另一个的问题。语文学科的工具性和人文性是一个统一体的两个侧面,不可割裂,不可偏废。于漪强调,工具性和人文性两者不是一增一减,而应沟通交融,互渗互促。确立了正确的语文学科性质观,就会自觉地把语言教育同思维训练、情感熏陶、人格培育有机结合起来,教文育人,从根本上提高学生的语文素养,提高语文教学的效率。

语文学科不是还有其他一些属性吗?

于漪认为,语文学科有多种属性,多种功能。属性和功能是分层次的,看你是从什么层次、从什么角度去阐述。从我们的语文教育现状出发,经过反思,她以为语文学科的基本属性或者说特质,用工具性和人文性两者的综合进行概括,可能比较准确一点,可能有利于语文课程的改革和发展。语文学科的性质决定了教学中须发挥多功能的作用。

发现问题往往比解决问题更重要。可以说,于漪关于语文学科性质功能的阶段性研究成果,特别是她站立于人学的制高点发现语文教育价值、拓展课程开发空间的创造力,她的教育理想,将产生更为广泛的影响。

一身正气做学问,表里俱澄澈

1986年5月,张志公病中阅读于漪《学海探珠》手稿,曾作文赞叹:"于漪教书简直教得着魔了!"

1999年,湖北教育出版社编了一套八本《中学语文素质教育名家丛书》。丛书主编邹贤敏为于漪写的手记中说:在酝酿八篇"手记"的标题时,最先印入我大脑屏幕的就是属于她的四个字:人格魅力。她独特的魅力从其人格中溢出,不浓不淡,不紧不慢,内蕴丰富,绵绵无绝。她的论著帮你解开教学之谜,更提升你的精、气、神。

从学术人品看,这样的口碑由何而来?

首先是不唯书,不唯上,不追风,不媚俗,实事求是,旗帜鲜明,敢于担当。于漪面对的学术文化环境并不理想。她的准则是,坚持从实际出发,独立思考。举个例子,当年"要走世界文字共同的拼音方向"似乎无可抵挡,于漪怎么说呢:方向毕竟是方向。现在我们教的、使用的还是方块字,我们使用的汉字是形、音、义的组合体,是反映我们几千年中华民族深厚文化的文字。不能把我们现在教学生的汉字与外国的拼音文字画等号。这段话今天读来并无独特之处,但是过来人掂得出个中的分量。

对于来自外国的东西,她始终持有一种寻根究底、以我为主的心态。她以为,学习外国科学的教育理论,借鉴教学方法,目的在于丰富自己。忘了自己语文教育的个性与特色,也就容易失掉自己。更何况由于语言的隔阂与障碍,翻译的文章有的已失去实效,有的已在实践中修改和扬弃,因此,阅读时要注意鉴别,从我国语文教学实际出发,取其精华。众所周知,她出于自己对母语教育的深刻理解,对于移植到国内来的语文高考"标准化",一开始就持保留态度。待到弊端初显,她公开表示异议,直到接连发表讲话、文章。最后从语文教育性质观上追根溯源,申说照抄照搬外国本已改弦易辙的东西的危害,积极提出对策建议。

说到语文教育性质观的反思,对已经功成名就的于漪来说绝不是一件小事。要构建一套有创见、有实践价值的理论话语体系,不但学术难度相当大,而且方方面面非学术的压力也特别大。一旦引发争论,不免卷入漩涡。但是,于漪还是毅然鲜明地亮出自己的旗帜。现在,她虚心倾听各种意见,不断学习思考,力求博采众长,为我所用。于漪1995年4月3日致同事函:"(语文教育性质观存在问题,亟待反思)不是主观臆想,而是客观存在。提出问题就会得罪一些人,四面都光滑圆润,对事情确实有百弊而无一利。我这个人由性格所决定,总是选择前者,而且从不反悔。如果错,我百分之一百认输,从不含糊。"又,1996年4月26日致友人函:"语文教学质量何时能全面提高?有时深感伤心。倒霉的不是我们这一辈,倒霉的是孩子。"

于漪之所以赢得尊敬,还因为她淡泊名利,拒绝名人之累。"中学语文教师"是她唯一认同的终身头衔。她不愿谈自己的业绩、荣誉,远离繁文缛节,始终像一个普通老百姓那样生活,住着老式的公寓房,菜炒得很好吃。但是,她是知识富有者,追求着很高的精神文化生活质量。这20来年,她太忙了。担任那么繁重的社会工作,依然不肯离开讲台。直到今天,除非病倒在床上,她还是不断地跑一线,不断地跟教师、学生对话,不断地讲课,为语文教育改革出点子、写文章、编书。重要的是,她带着一颗年轻的心,终日关注和思考着教育特别是语文教育的前沿课题。特别重视学术对话,重视不同的意见,重视报刊上关于教育特别是语文教育的争论,听到有创意的声音她就眼睛发亮。70岁的人,为了支持"园丁工程",有时竟然接连讲上两三个小时,还是那样笑容可掬,抑扬顿挫,简洁流畅,创见迭出。

于漪学术人品的最大魅力,是献身精神。这种精神总根于爱:对事业的热爱,对同志、对学生的挚爱,对语文教育实践和研究的酷爱和迷恋。当年张志公说,于漪教书,简直着魔了!现在应当再加上两句:于漪学习,简直着魔了!于漪思索,简直着魔了!奉献自己有限的生命,获取精神上无限的欢乐,这就是我们可以在她400万字著述中读出的于漪的人生哲学。

1996年初,隆冬季节,于漪接待《人民教育》记者。记者问:您年事已高,身体不好,工作担子那么重,社会活动那么多,却还能写出那么多著作,靠什么法宝?于漪回答:"要说有什么'法宝'的话,那就是一个'快'字。"问题是,这样的"快功"从何而来?于漪曾为她的《语文教学谈艺录》一节拟过一个小标题,叫作"跑步前进"。如今,年过 70 的于漪,办事作文仍然是出奇的快。"快"的背后,是生命的"跑步前进"。1997 年以后的三年时间,于漪心脏病复发,一度十分严重。她曾经把《追求综合效应》称为"这是我答应编写的最后一本书"。奇迹出现,她又投入了新的劳作。

在本文结束的时候,笔者推荐于漪 1997 年发表的《自强不息,女教师们!》。这是于老师 1996 年 11 月给贵州偏远山区一位中学语文教研员的长篇复信,被认为也是一篇美文。信的结尾有这样一小节:"我当了一辈子教师,教了一辈子语文,上了一辈子深感遗憾的课。我深深地体会到'永不满足'是必须遵循的信条。正如《浮士德》诗剧中主人公浮士德所说:'要是有那么一刹那,对我说:停住吧,你是多么美好!那时也就敲响了我的丧钟。'浮士德上天下地求索,经历了爱情的悲剧、事业的悲剧,什么都一场空,但是他没有灰心。最后,他在一块荒芜不毛的海滩上建立起人间的乐园,心里一片光明,情不自禁脱口而出:'停住吧,你是多么美好!'这一刹那,浮士德倒地死去。满足意味着生命的结束。"于老师把她新出的一本教例选集定名为《可以做得更好》。她不满足。她的学术生命将永葆青春。

(作者系无锡教育学院副院长)

在于漪从教 50 周年学术讨论会上的讲话

柳　斌

尊敬的于漪老师、老师们、同学们:

有机会参加今天于漪老师教育思想和从教 50 周年的学术讨论会,感到非常荣幸。于漪老师从教 50 周年了。50 年来,由于于漪老师人格的力量、智慧的力量、忠诚于祖国教育事业的理想的力量,使她在人生道路上获得巨大成功,成就了一番光彩夺目的事业。在这里,让我以一个教育工作者的名义,向于漪老师表示深深敬意!

于漪老师长期从事语文教育工作,她的语文教育思想和语文教育实践在语文教育界产生重要影响。多年来,由于基础教育中存在"应试"倾向,使语文教学陷入重重困境,费时多、效益低,引起教育工作者和有识之士的广泛关注和忧虑。一个人的语文能力是从哪里来的?是生而有之还是学而有之?事实证明语文能力并非与生俱来,但也不是从语法、修辞、逻辑知识以及文章作法的考试或者讲解中转化而来的。一个人的语文能力只能从听、说、读、写的实践活动中得来,在优秀范文的阅读中感悟、品味、思考、理解,随着所感、所悟、所得的潜移默化所生成,并具有自己的认知、自己的情感、自己的品格以及具有自己个性的语文能力。因此,大量阅读是提高语文能力的基础,听、说、读、写等实践活动是提高语文能力的必由之路,潜移默化是语文能力生成的基本规律。应试教育的思维及其一整套做法则是与此背道而驰的。正如于漪老师在《标准化试题把语文教学引入死胡同》一文中指出的,这种教育思想倾向,第一,对语文学科的性质认识不清楚。中学语文重在应用,重在培养人,不是搞什么语文的专门学问,讲授过多的知识和精深的理论,把语文教育工具性和人文性机械割裂开来,势必步入误区;第二,烦琐教学在语文教学中泛滥,这种教学将许多文字精美的文章肢解,在教学中把语言与内容严重割裂开,寻章摘句,把原本浑然天成、有血有肉的文章变成鸡零狗碎、毫无生气的东西。于漪老师强调教育就是培养人,她正是从这个角度去建立她的语文教育观念。她强调语文要讲求综合效应,强调语文教师要树立鲜明的语文目标,教文要纳入育人目标。她认为,离开了人的培养去讲文的教学就失去教师工作的制高点,也就失去了教学真正的价值。因此,语文教学应根据本学科特点,引导学生在素质、能力、智力等方面扎下深根。于漪老师讲过一段意义深刻的话,"学语文就是学做人,伴随语言文字读写听说训练渗透认知教育、情感教育和人格教育,语言文字不是单纯的符号系统,而是一个民族认识世界、阐释世界的意义体系和价值体系,她与深厚的民族文化是联系在一起的"。这里应当指出,于漪老师上述观念是她几十年教育教学经验的总结,也正是今天语文教学中素质教育新理念的内容。

50年来,于漪老师育人是一代师表,教改是一面旗帜。让我们大家都来学习她这种诲人不倦和永远进取的精神,为我国教育事业的进步作不懈的努力。

祝于漪老师幸福安康,祝大会圆满成功,谢谢。

(作者系原教育部副部长、国家总督学)

图书在版编目(CIP)数据

《于漪全集》精装本 / 于漪著. —上海：上海教育出版社,2018.9（2018.12重印）
ISBN 978-7-5444-8696-5

Ⅰ.①于… Ⅱ.①于… Ⅲ.①教育工作-文集 Ⅳ.①G4-53

中国版本图书馆 CIP 数据核字(2018)第 171704 号

责任编辑　张少杰　易英华　陈晓琼　顾薇薇　向文祺
封面设计　陆　弦

《于漪全集》精装本
于　漪　著

出版发行　上海教育出版社有限公司
官　　网　www.seph.com.cn
地　　址　上海永福路 123 号
邮　　编　200031
印　　刷　山东鸿君杰文化发展有限公司
开　　本　890×1240　1/32　印张 230.125　插页 126
字　　数　5 745 千字
版　　次　2018 年 9 月第 1 版
印　　次　2018 年 12 月第 2 次印刷
书　　号　ISBN 978-7-5444-8696-5/G.7202
定　　价　1980.00 元

如发现质量问题，读者可向本社调换　　电话：021-64377165